人生はよくなる——もう一つの生き方

白光出版

序文

あなたは、人生は苦しみや悩みの連続であり、不安や迷いだらけのいばらの道だと思って生きてはいませんか。確かに自分のまわりを見まわしてみても、みな何かしら悩み、苦しんでいます。迷い、不安に満ちています。自分の人生を苦しみや悩みで満たしている人たちが何と多いことでしょう。そして誰も彼もが人生なんてそんなものだと、夢や希望を捨て、諦めきっています。

なぜでしょうか。それはもう一つの生き方を知らないからです。そして、もう一人の真の自分を知らないからです。常にダメだ、出来ない、無理だ、自信がない、不可能だ……と思って生きているからです。

　しかし、人生に起こる一切の苦しみや悩みは、本来誰もが必ず乗り越えられるものなのです。何事も対処する前から自分は無理だ、不可能だと思い込んでしまっている、その心が自分にブレーキをかけてしまい、乗り越えられるべきことをも出来なくしてしまっているだけなのであります。

　これは決して一人一人の能力の問題ではないのです。意識の問題なのであります。自分の意識をネガティブからポジティブに変容させるだけで、問題解決が一挙に為されてゆくのです。出来ないではなく出来るのであり、不可能ではなく可能な道へと自らが自らを導いてゆくのであります。

　このように、人生とは自分の意識ですべてを決定してゆくものなのです。自分の感情を激昂させ、美しいものや愛すべきものを台無しにしていたり、身勝手な思いや振る舞いによって、自分やまわりの人たちをも巻き込んで、トラブルを次々と作り出している人たちの人生をよくするためには、もう一つの生き方、もう一人の自分を知ることが大切なのであります。

この上なく穏やかな心は、この上なく強い心です。そして無限なる叡智、無限なる能力、無限なる直観という宝庫を誰もが持っているのです。

真の自分を知ることにより、自らの手でそれらの宝庫の鍵を開け、自信と確信に満ちた幸せな人生を歩めるのであります。

この本を読み進むうちに、あなたは苦悩や迷いが、何らかの誤った思いの結果であったことに気づいてゆくことでしょう。そして、今自分が置かれている環境や状況でさえも、自分の隠れた能力や可能性を引き出し、発見するための目覚めの場であることに思い至るのであります。

この本が皆様の輝かしい人生を創造してゆくための大いなる力となることを希望いたします。

平成十八年十月

著者識す

人生はよくなる——もう一つの生き方

目次

編集協力――山下青史
装丁・本文デザイン――田中眞一

人生はよくなる——もう一つの生き方

病気について

病気を通して真理を学ぶ

※病気は克服するために与えられた課題

今日は、病気で悩んでいらっしゃる方々にお集まりいただきました。皆様の中には、一生懸命病気に立ち向かっているにもかかわらず、不安や悩みに負けてしまう人もいます。腎臓病や肝臓病、心臓病やがん、それから臓器移植を必要とするような難病など、皆様方が抱えている病気には、さまざまな症状が伴い、そのために未来を断たれたと感じ、死ぬしかないと思い込んだ人もあるかもしれません。

また、未来に希望をなくし、終いには自分の命をも絶ちたいほどのうつ状態になってしまい、しかし命を絶つことも出来ない。そこまでの深い悩みの人もいます。

そこで、まず病気とは何かをテーマに、私は皆様方にお話ししたいと思います。

皆様方で医者にかかっていない方は、ほとんどいらっしゃらないと思います。病院に行くと、お薬を処方されたり手術をしたりします。これは対症療法です。皆様方は、対症療法を求めているわけではないでしょう。しかし、重度の痛みや苦しみを抱えている人たちにとって、対症療法しか今は方法がないのが現実だと思います。

ここで皆様方に申し上げたいのは、皆様方は自分だけが苦しんでいるのではないということです。同じように病気で苦しんでいる人は、全世界に何千万、何億人といます。自分だけが苦しんでいるのではないことを知っていただきたいのです。

それから、これが一番重要なのですが、病気と闘いながら、そこに何を見出してゆくのかということです。決して、偶然に病気になっているわけではないのです。日頃のさまざまな問題の積み重ねが、いつの間にか病気の形となって、消えてゆくんだということ。これは気持ちの持ち方もあるでしょう。日常の生き方の問題もあるでしょう。それから、食べ物の問題もあるでしょう。運動の問題もあるでしょう。環境の問題もあるでしょう。たった一つの事柄だけが、病気に至る道ではありません。自分の弱さもある。真理に気づかなかった部分もあります。

今、病気で苦しんでいる皆さんは、生まれた時に、病気を通して自分は究極[*注1]の真理を知ろう、崇高な生き方をしよう、病気から逃げないで正しい生き方をしよう。そのように人生を選択したのです。病気は、真理に至るプロセスなのです。

どんな人にも悩みがあるということを忘れないでください。病気の痛みに苦しむ人がいます。ある人は傷つけられ無視されて苦しんでいます。ある人は自分の能力の限界を超えられず苦しんでいます。みんなそれぞれ何らかの苦しみを抱えながら、最後には克服してゆくことが出来ます。苦しみや悩みがなければ、克服という体験も持ちえないのですから。そして究極の真理にも出会えません。

悩みのない人は、今生（こんじょう）に生まれて来はしない。この肉体を持って生まれてきたからこそ、病気になって痛みを感じることが出来る。この肉体で経験する意味に気づきましょう。今生で中途半端に生きると、来生で、今度は病気を通さなくても、貧困でつらさを味わうかもしれません。あるいは飢餓、戦争、人種差別、宗教対立などの真っ只中で苦しみもがく道を歩んでゆくことになるかもしれません。病気は、今生の一つの課題なのです。病気を通して何を学んでゆくか。それは、一人一人みんな違います。

✼不安や恐れを生きるエネルギーに変えよう

病気というものは、なぜ苦しいのでしょうか。それは、不安や恐れが心の中を占領しているからです。その不安や恐怖は、何から起きるのでしょう。

それは病気が死に直結していると思い込んでいるからです。治らないかもしれない、もっとひどくなるのではないか、明日死ぬかもしれない。こういった不安が、苦しみを増大させます。

明日、一ヵ月先、一年先、十年先のことは、誰にもわかりはしません。明日、がんの治療法が発見されるかもしれません。一ヵ月後に臓器移植に代わる治療法が発見されるかもしれません。それは誰にもわからないことです。
治る治らないは未来のことです。明日が来ないうちから、病気が治るか治らないかに心を砕いていては、今日生きるエネルギーを全く無駄に使っていることになります。誰にもわからない未来を心配してエネルギーを費やしたからといって、今の現状は決して良くはなりません。

大事なエネルギーを使って、不安や恐怖を持ちつづけ大きくするのは、ずいぶんもったいない話です。不安や恐怖は、人間のエネルギーを奪っておきながら、それ自身は何一つ生み出しません。不安や恐怖に向かっているエネルギーを、今日の喜びや希望、自分の心の平安を生み出すために向けてゆかなければなりません。

今、一瞬を生きればいいのです。今この瞬間をどう耐えてゆくか、どう通り越してゆくかによって、明日、未来が決まるのです。今何を思っているか、この瞬間に何を考えるかで、明日が決まってきます。人生はそのように出来ています。

実は、皆様方は、無意識に自分で病気を選択していることに気づいていただきたいと思います。無意識に交通事故を選択する人もいるし、無意識に殺されることを選択している人もいるし、無意識に津波に飲み込まれることを選択する人もいます。この世の中には、私たちの顕在意識では理由のわからない出来事が無数に起こっています。なぜなら、多くの人は真理がわからないからです。今生を無事生ききっても、真理につながっていなければ、また同じことを繰り返さなければなりません。

皆様方の心が真理にまっすぐつながっていない限り、病気が治っても、今度は別の悩みで苦しむことになります。今度は、明日の食べ物の心配かもしれませんし、貧乏の苦しみかもしれません。

病気は、真理に向かう一つのプロセスです。病気を通して自分の心を磨き、高め上げられてゆけば、永遠の生命につながります。

✻甘えず本心で病気にぶつかる

皆様方に、甘える部分はないでしょうか。薬に依存し、医者に依存し、家族に依存し、祈りに依存し、周りの人に依存してはいないでしょうか。

世界人類を見渡せば、もっともっと悲惨な生き方をしている人たちがいます。皆様方は、文化的な生活を送り、医療が受けられ、家族があり、食べるものがあり、それに甘えて生きていませんか。もしも、一人ぼっちになって、医者も家族も友人もなく、食べるものもなかったら、皆様方は何をするでしょうか。今生きようとすれば、どんなに痛くても、どんなにつらくても、どんなに明日に希望がなくても、這ってでも食べ物を探さなければなりません。それが、生命力の原点というものです。この瞬間に生きることを最優先すれば、病気を意識してはいられません。みんなそういう生命力を持って生まれてきています。

他に依存せず、自分を甘やかさず、しっかり自分自身を見つめるならば、生命力はおのずから湧いてくるものです。

世界人類[*注2]が平和でありますようにと、本当に命をかけて祈れば、この苦痛や不幸、心の不安は掻き消えてしまうものなのです。祈りながらも不安がおそってきたり、印[*注3]を組みながらも恐れが頭をよぎってくるのなら、それは無駄なエネルギーが余っているからです。自分の病気に把われているうちは、ゆとりがあるということです。

病気は一番重い悩みのように思われがちですが、本当に貧困で明日の命も知れない人たちもいますし、政治や経済、それから芸術の世界でも、病気以上の苦しみを抱えている人もいます。もしも、自分だけがどうしてこのように不幸なんだろう、自分だけがこのように苦しいのだろうと思い悩んでいるとしたら、それは皆様方の心のあり方というものが歪んできているということなのです。

一番知っていただきたいのは、真理です。本当に死ぬ気で真理というものを突き詰めていただきたい。

もしも今、病気を抱えて痛みを感じ、同時に苦しみを感じ、この苦しみに耐えられないとすれば、その根本には、依存心が潜んでいるのです。まず自分自身が依存し甘えていて、自分の力を信じていないということです。

人生に現われた苦しみには、自分にとって深い意味があります。この苦しみを恐れず、逃げないで、退けないで、勇気を持って立ち向かってゆくと、不安はなくなります。とことん自分を見つめた時、恐くて、苦しいかもしれません。この選択は間違っているかもしれないと悩むこともあります。あらゆる感情が出て当然です。でも、自分の心を抑圧しないで、正直に出しきるのです。生きたい、生きたい、生きたい、治りたい、治りたい、治りたい、何がなんでも治りたいと、本気で願うのです。そうすると最後には、自然に自分の中から答えが出てきます。

自分の病気が何を意味しているか、その答えは、他人にわかるはずがありません。医者、宗教家、易者や占い師に聞いて回っても、自分の本心に一致しない限り、満足するはずがありません。自分の声を聞かないで、他の人の声に頼ってしまうと、自分の中で分裂が起こってきます。だから不安だし、恐怖だし、治らないのです。だから自分の生がわからないのです。

聖路加国際病院理事長の日野原重明先生と対談した時に、先生は「人間は、百歳になっても、まだまだ生きたいものなんです」とおっしゃっていました。それを聞いて、ああそうなのかと思いました。人間とはそのようなものなのですから、生きたいなら「生きたい」と叫べばよいのです。生きるのだと自分に徹底的に言い聞かせればよい。どうやって生きるか、どうすれば生きられるのか、そこに自分の思いを絞り込めば、自分の心は分裂しないですみます。

生きるか死ぬかわからない、病気が治るか治らないかわからない、医者の言うことを信じる部分も信じない部分もある。つまり心が分裂したら、エネルギーも二つに分かれ、自分を迷わせるばかりです。徹底的に、自分の本心を掴（つか）むのです。掴んだら実行に移すのです。

✲病気というミッション

生きるとはどういうことでしょう？　病気を克服するために生きるのではありません。元気になるために生きるのでもありません。生というのはもっと奥が深くて深くて、究極の真理につながっているものです。

病気になって苦しんでいる今こそ、皆様方が究極の真理を掴むチャンスです。それなのに、病気を治そう、治そうと焦り、そして治ってから真理を学ぼう、治ったら善行をしよう、治ったら家族に感謝しよう。そう思っている限り、死ぬまで本当には治りません。病気が治っても、また不安や恐怖がやってきます。そして、死ぬまで家族に感謝できないのです。今、この瞬間瞬間に、究極の真理を現わしてゆくことの大切さに気づいてください。

朝起きて、今日はこの痛みはどうなるんだろう。それに把われてしまうと、今日一日は何一つ良いことがない無駄な一日になってしまいます。それを見ている家族は、何とかして苦しみを取り除いてあげたいと思うでしょう。周りの人たちも、病人を放って仕事に専念することも出来ず、つらいはずです。つまり、自分の生き方や言葉によって、家族を傷つけ周りの人たちを不幸に陥れています。

逆に、病気を通して崇高な生き方を黙々と行動に移してみるとどうなるでしょう。「ああ、私が病気になったらああいう生き方が出来るかしら」「どんなにつらいだろう。

でもつらいと言葉に一言も出さない」「耐えて一生懸命祈っている。一生懸命印を組んでいる、なんと尊い姿なんだろう」「私もその生き方を見習おう」と周りの人は感じます。そこに病気になった人のミッションがあるのです。

家族や周りの人を不幸にし、暗い人生を歩ませるための病気であってはなりません。病気を通して、自分は神々しく生きる、究極の真理を現わして生きるのです。たとえ今死んでも悔いのない生き方をすることこそ、本当の生命を完うすることです。たとえあと数ヵ月の命と宣告されても、自分自身の真理の姿を見せることが、生命を本当に生きるということです。愛の行為、光の行為、無私の行為を示すことです。それが周りを進化創造させ、周りを照らす光となります。たとえ今死んでも、その人が生ききった生は、多くの人に愛と真理と幸せをもたらします。「苦しい」「つらい」と毎日不平、不満を口にして、十年、二十年生きたとしても、それは生命を充実させていません。自分は不幸で生きる価値がないといった、否定的な思いや感情に陥って、否定的な言葉を吐きつづければ、その結果、本当に不幸な運命へと自分自身を導いてゆくことになります。

家族がいる、妻がいる、夫がいる、子どもがいる、親がいる、友人がいる。お互いに愛し合い、いたわり合い、補い合い、励まし合ってこそ、生きていることの意味があります。愛を奪うのみ、同情されるのみでは生きてきたことにはなりません。喜びを、幸せを、愛を与えてあげましょう。相手の心の痛みを取ってあげて、喜びを共に分かち合おうという崇高な心を忘れないようにしましょう。

病気を通して、自分の役割をもっと見つめてください。この自分の苦しい病気に、夫や妻や子どもたちがならなくてよかった、と思えるほどのミッションが湧いてこないでしょうか。自分が一番不幸で、一番辛くて、悲惨な人生を歩んでいるという悲劇の主人公になってはなりません。苦しみを抱えていながらも周りの光となるように生きてこそ、この世に生を享け、病気を選択した自分の天命があるのです。

✼私たちに与えられた素晴らしい力

私たちは、生まれながらにして素晴らしい力を持っています。どんなにハンディを抱えた人も、この法話会へ来たいという意志があれば、必ず来られます。この意志は、自分のものだと思っているかもしれませんが、すべて天地が一つにつながっていて、初めて実現するものなのです。人は、自分だけでは生きられません。息をしているのでも、宇宙神[*注4]の光の一筋として、神の分生命として生かされています。私たちは神の子なのです。無限なる可能性を授かっているのです。

だから、守護霊様[*注5]、守護神様にとって一番悲しいことは、皆様方が自分自身を否定することです。あなたの子どもが、「私なんて生きてゆかれない、能力もない」と自己否定したら、あなたはどれだけ悲しむでしょう。自分を否定するような愚かな生き方は間違っています。自分の長所を見つけ、それを伸ばす努力をするよう意識を向けるのです。そうすれば、必ず良い状況が現われます。

それは奇跡と呼んでよいかもしれませんが、奇跡はすぐには起こりません。ずっと一つのことを考え、それにエネルギーを集中して「そうありたい」と思った時、コップに一滴の水がポツリと落ちるように、奇跡のしずくが少しずつたまってゆきます。毎日、「我即神也（われそくかみなり）、我即神也……」と百回ずつ祈ったからといって、すぐに奇跡が起こるわけではありません。何千回繰り返しても、まだコップの底も満たしていないくらいです。それでも毎日、「我即神也」と唱えるのです。不幸や苦しみや否定的な思いを「我即神也」という言葉に変えて唱えてゆく。それで、ポツリ、ポツリ、ポツリ。たった一滴にすぎないポツリ。それをまた繰り返す。苦しくて、明日はだめかもしれないと思っても、諦めずにまた明日も繰り返す。またポツリ。自分の生きている限り、コップを満たすのは無理だろうと思う。しかし、ある時急にその自分の思いを通り越し、その量がどんどん増してゆきます。

その過程は、自分で自分を試すようなものかもしれません。でも本当に納得しなければ、自分を信じられなければ続けられません。そして、多くの人は、自分を信じられないのです。

信じるためには、努力と勇気が必要です。それを人生というコップにいい加減なものを放り込んでしまっては、病気も十分に治りきるはずがありません。否定的な言葉を口にしないと、自分に課して生きてみようではありませんか。

朝起きた時に「今日もつらい、痛い」「死ぬかもしれない」と不安がおそってくるその時に、必死に祈ってみましょう。それが奇跡の一滴になります。自分の中には神の叡智が宿っている、無限なる治癒力があると信じるのです。今まで人に依存し甘えてきた自分が、進んで変わろうとするのです。自分が変わる以外に本当に真理に近づく道はありません。

※ポジティブな意識に変えて奇跡を起こす

病気とは、今までの自分の性格、習慣、言葉、行為などあなたのすべてが積み重なって、コップから溢れて、それが病気という形になって現われた姿です。依存し、不幸に甘んじ、自分を否定するしずくで、コップを満たすのは簡単です。その結果、病気になったり、事故、テロ、天変地異に遭います。

ところが、信じつづける努力の一滴一滴でコップを満たすのは大変な時間と忍耐が必要です。しかし、神を信ずる力、自らを信じてゆこうという強い信念は、必ず自らを変えてゆきます。なぜなら、皆様方は、本心では「我即神也」を知っているからです。

どんな人でも、自分自身が変わらなければ環境は変わりません。テロも宗教対立も戦争も病気も貧困も、変えるのは政治家でも宗教家でも医者でもない。一人一人が変わる以外には、平和は実現などしません。一人一人が変わること、それが人類の責任なのです。自分自身が変わろうとしないで、自分の苦しみや不幸がなくなることなどありえません。なぜなら、それが真理だからです。

病気は、医者が治すものと思っていませんでしたか。薬で治ると思っていなかったでしょうか。それとも、信仰で治ると思っていませんでしたか。祈ったり、印を組めば治ると思っていなかったでしょうか。そうではなく、どんな方法でも、自分で、真剣に取り組んだかどうかが問題なのです。

心の中が不安や恐怖で一杯で、我即神也の真髄を摑んでいなければ、奇跡の一滴とはなりません。反対に、すべての否定的な想念や思考、行為を捨てて、真剣に呼吸法*注6を行なって印を組めば、たった一回で自分が変わることもあります。印を繰り返し繰り返し組んで「ああ、自分は変わる、変わる、変わりそうだ、変わるかもしれない」という感触が出てきたら、しめたもの。もうそこまで来ています。

根本的に心が変わり、癒されれば、二度と病気にはならないし、不幸に陥ることもありません。テロや地震にも遭いません。なぜならば、それが天とまっすぐつながった生き方だからです。今日一日、一瞬一瞬、自分のエネルギーを自分のネガティブな習慣を変えるために使っているからです。

明日は良くなるだろうか。いや、良くならない。いや、良くなるんだ……。一瞬一瞬、ネガティブな想いをポジティブな想いに変え、最後に自分が大丈夫と思った時には、本当に大丈夫の方向へ行きます。肯定的で積極的な想念が勝つように、心の中で自分を磨き高め上げてゆくのです。それは、他人には決して伺い知れない葛藤です。

そして、自分の中の神意識を、どんどんどんどん発揮させてゆくのです。神意識とは、人間が本来持っている聖なる完璧な力です。それを眠らせないで、そのエネルギーを自分の人生に発揮させるのです。

皆様、どうかこの次に病院に行く時には、自分を変えて行ってください。今までは、病院に行っても、自分のことで精一杯だったのではないでしょうか。他の患者さんのために祈る余裕はなかったのではないでしょうか。今度は、他の人のために祈ってください。どうか天命が完うされますように。その人の天命が完うされますように、と。人のために精一杯祈っている自分は、分裂が起きません。そういう自分を見つけて、自分の愛に自分で感動するのです。「出来たんだ」と。

朝起きた時、家族に感謝していますか。「苦しい、今日もつらい」というあなたの一言を聞いて、家族は喜ぶでしょうか。その言葉で相手の幸せや喜びを摘んでしまってはいないでしょうか。その一言を慎むだけでも、あなたは変わります。奇跡というものは、自分を変えてゆく小さな小さな言動の積み重ねによって、ある日突然、自分の身に生ずる素晴らしい光明（こうみょう）の現象なのです。

本当に病気を克服したいと思うのなら、「我即神也」と書いて、お手洗いでも玄関でも寝室でも、目に付くところに貼っておくのがいいでしょう。今日はポジティブな想念が負けた、その時にはその言葉を見て、でも明日は勝つぞと誓うのです。今日は、ネガティブな言葉を少なくした。今日はため息一つ減らそう。これだけでも違います。

✲習慣を変えれば不安と恐怖は愛に変わる

本来、自分の思った通りに生きられるのが人間です。だからあなたは今、病気という、あなたの思った通りの結果を受け取ったのです。実は、この病気は、あなたが見事に変われる一つのチャンスです。そしてあなたには、病気で苦しむ人の手本となる生き方を実践するミッションがあるのです。

少しずつ自分が出来る範囲で変えてゆきましょう。普段の生活を少しずつ変えて、たとえばいつも油っぽいものを食べていたら、少しずつ野菜中心の食事に変えてゆきます。なるべく戸外を歩いて新鮮な空気を吸ったり、お花を見たりします。自然の中で、宇宙のエネルギーを吸って、深く呼吸して、治癒力を自然から頂くよう意識してみてください。

あなたの頭の中から、不可能という言葉を取り除いてください。自分で不可能と思い込んだ時に不可能になるのです。人は平等に、素晴らしい叡智、素晴らしい能力、素晴らしい治癒力を神様から授かっています。人は生きているのではなく、生かされているのです。

皆様方は変わることが出来ます。過去の自分から、より良い自分へ変わりたいと願い、瞬間瞬間に変わろう、変わりたい、変わるんだと、意識とエネルギーを集中するのです。すべての人々の手本になりたい、家族の光となりたいと、自分に与えられた神意識を発揮させます。そこへ意識とエネルギーが集中すれば、病気は次第に変化してゆき、心の中に不安や恐怖はなくなってゆきます。

不安、恐怖は暗い闇の状態です。限りなく光がない状態です。病気も光がない状態です。愛の言葉や光明のない闇の状態です。ですから、闇の世界にドアを開けて、愛の言葉、神の叡智、真理の光を入れれば闇はなくなります。つまり、不安や恐怖はなくなってゆきます。不安や恐怖というのは、究極の真理が自分の心から忘れられた時に起こる症状です。真理を忘れてしまった状態です。

さあ、今日から悪い習慣を変えましょう。不平不満が自分の口から出ようとするのをチャックしてください。それは抑圧ではありません。無理に自分の中に閉じこめるのではなく、習慣にしてしまうのです。肉ばかりの食事に野菜を取り入れて食習慣を変えるように、悪い習慣を良い習慣に変えるのです。今の一瞬一瞬を変えてゆきましょう。

たとえば、タクシーを使わないで歩くことから始めませんか。そして、大地に感謝しましょう。途中で出会う木に感謝、犬に感謝、人に感謝するのです。感謝しているうちに、自分の苦しみはだんだん消えてゆきます。自分に向かっていた意識を、人に向けてゆきましょう。そして、常に大自然に感謝するのです。天と一致した時、病気の苦しみは自分の心からいつの間にか去っています。不安、恐怖もなくなっています。不安、恐怖は、愛に変容したのです。

人に感謝し、自分に感謝し、人に幸せを与え、自分を励ます言葉をいつも口に出しましょう。それが愛です。これまでの悪い習慣をひっくり返せるのは自分だけです。どんなに聖者が、皆様方の前にやってきて治そうとしても、心の奥の奥の真理を信ずる気持ちが湧いてこなければ治りません。すべて自分にかかっています。

自分を信じ、自分を敬い、自分の治癒力を信じて生きる。これが病気を克服するすべてだと思います。

※質疑応答

質問者A　手術を受けたり薬を飲むといった医学を頼るのは、いけないのでしょうか。

西園寺　医療を受けること自体が良くないのではありません。もしもあなたが手術したほうが良いと思うのなら、手術を受けてください。そして、自分で選択したのですから、手術の結果がどうであろうと自分で責任を持つことが大事なのです。反対に、手術をしないほうを選んだ人は、その結果がどうであろうと自分で責任を持つこと。責任は、医者にあるのではありません。自分の人生は、どんな結果であろうと自分で選んだのであり、自分に責任があるのです。

病状にもよりますが、早く治すためには、手術をしたほうが良いことがあります。手術で病気の苦しみを除き、手術後に治癒力を発揮して結果的に早く治るのであれば、私は人に手術を勧めます。

しかし本人が怖がって、手術を受けない治療を選ぶことがあります。これは、本当の選択とは言えません。その人は、真理にそった自分の内なる声を聞いていません。単に、手術から逃れたいために、選択を先延ばししているだけです。手術を遅らせれば、手術の恐怖に直面せずに済むけれども、症状が改善しないのですから、かえって不安や心配が増してゆきます。なぜあの時手術をしなかったのだろうと、後悔するかもしれません。

手術をしないという選択が、逃げた結果か、病気に向き合って決定したことか、よく自分の中の声に耳を傾けることです。

人生は、全部自分に責任があります。すべてが自分の選択してきた結果なのです。印を組み、呼吸法[*注6]や祈りを通し、心の奥の叫びに従ったのなら、手術をしようがしまいが、それで充分なのです。

本当に人間というものは、結局、自分の思っているような選択をしてしまうものです。手術しなければいけないと医者に言われても、本人が心の奥で手術をしたくないという意識があれば、他の病院を訪ねてまでも、「手術をしなくていい」と言ってくれる医者を見つけ出そうとするものです。私の話も、自分で選択、決断するための導きであり、私は手のひらを差し出しているにすぎません。決して私自身が皆様方の答えを出してるわけではないのです。

ですから人間には、自分が選択、決断した結果は自分で責任を取るというその強さと勇気が必要なのです。

＊

質問者B　私は、小学校の時に、遊んでいる時に友人から腰に力を加えられて、以来背骨が変形しています。現在、白光の教えを信じて祈りと印を一生懸命やっております。しかし、肉体的苦痛が消えません。祈りをしっかりやって印を一生懸命やると真理に到達すると信じてずっと続けてきました。今の話を伺うと、私は祈りや印に、依存していたのかと、少し思いました。

西園寺　祈りや印への依存ということはありません。自分の苦しみをなくすために祈りをするというのが、依存ということですか？　あなたの場合には祈りや印をすればするほど、痛みがだんだんひどくなってくるのでしょうか。

質問者B　そうです。内臓の圧迫や気持ちのイライラなど、昔悪かった状態が、祈りや印をすると戻ってくるような感じがあります。本当は、祈りを一生懸命やりたい、印を一生懸命やりたい、本気で一生懸命やりたいと思うのですが、どうしたら一生懸命できるようになるのかという質問をしたかったのです。

西園寺　大事な質問ですね。祈りや印というものは、最後には、それすらもなくなるもの、プロセスなのです。みんなが太陽がどこにあるかわからない時、私が「あそこに太陽が照っています」と言って指さすとします。そこで、みんながその方向を見る。「ああ！　あそこに太陽が照ってる。あそこなんだ」と太陽の場所がわかったら、もうこの指は必要ありません。もう自分一人で光の中に入ることが出来ます。印も祈りも、自分を見つめるための方向をさし示す指なのです。最終的には、指は必要なくなって、自分はそこに存在するだけ、自分はそこにあるだけで神を感じ、神の真理を感ずるものなのです。

だから白光真宏会というのは、宗教がいらないところまでもってゆくための指のような存在です。なぜなら、最後にはみんな一人一人が自ら宗教家になるのですから。あなたの場合も、印を一生懸命やって痛いのならば、印をやらないで、頭の中で「私は即神なり」と繰り返してゆけば、それはもう印をやっているのと同じことなのです。

質問者B　イメージでもいいのですか。

西園寺　イメージでいいのです。呼吸法をやると苦しいですか？

質問者B　呼吸法を繰り返していると、痛みが出てきます。

西園寺　繰り返す必要はありません。真剣に一回でいいのです。印も呼吸法による唱名も、プロセスなのですから。皆様方は先駆者です。草木のぼうぼうと生えている道なき道を、私と共に踏みしめて進んでいる状態です。前進を阻んでいる草木を、私たちがどんどん倒してゆくと、そこに自然に道がついていきます。そうすると、私たちの後に続いている大勢の人たちは、あまり苦労しないで通ってゆけます。大勢が通れば通るほど、道は固く踏みしめられ、自然に道は整ってきます。その時には、もう印も祈りも何もなくても、みんなが通れるようになるのです。

皆様方は、その道を選んでここに来ているのです。そういう意味では、次の世代の人たちは、だんだん印も必要なくなってきます。

皆様方は、病気を通したリーダーとして、道開きをしているのです。しかし、もしもそれが苦しければ、把(とら)われることはありません。もっと自由に、自分が一番良いと思う方法、自分が一番楽な方法で、真理につながる方法を自分で編み出せばいいのです。

＊

質問者C　二つ質問したいことがございます。

まず自分のことです。足が悪くて、長い間ずっと苦しみがありましたけれど、その中で絶対自分は手術しないで治せる状態が来ると信じてきました。でも、自宅でやはり家族に迷惑をかけていましたので、「手術したほうがいいのかな」とふっと迷いが出た時に、自分の体の中から「切るな」という言葉の響きが伝わってきました。そこで「ああ、自分は切ることはしなくていいんだ」と思いつづけることが出来たのです。

今現在、そのおかげをもっていい食餌療法と、いい治療家にご縁を頂き、良くなる道が選べたと思っています。今は、その治療家に依存している形になるので、このまま続けていってよいものかどうか。

西園寺　良い話を有難う。自分の中から、そういう答えを聞くのがとても大事です。

今の状態は、依存ではありません。そのうちに、自分にどんどんどんどん力が満ちてきますから、自然に頼らなくなってきます。そういう時期が必ず来ます。今は、あなた自身が光をもらいながら、相手にも光を与えているのです。今のままで良いのです。

質問者C　もう一つの質問は、認知症の母のことです。認知症は障りだと伺いました。認知症には、どういうふうに対応していけばいいのでしょうか？

西園寺　認知症は、障りではありません。これもやはり個々の意識の問題です。障りに遭う人は幽体の大きい人ですから、子どもの時からそういう症状が出ています。認知症は、障りではありません。ですから、それは心配いりません。

障られる人は、自我が強いか、権力欲があるか、自分を見せたいか。そのような意識がない限り、障られることはありません。普通の生き方をしている人は、障りはほとんどありません。だからどこかで障られたと言う人がいますが、私から見れば、ほとんどそれは自分が勝手に思い込んだ症状です。障りは、自分の意識が引っ張ってくるものです。だから、自分がそういう意識がない限り、障りは絶対ないのです。私はそう断言できます。あなたのお母様は、障りではありません。

どうか、お母様の天命と、その本心開発のために祈ってください。それは、お母様の本心に必ず通じます。だから祈ってあげること、印を組んであげることです。

＊

質問者D　こんにちは。私は、白光の教えを行なって十数年になります。それまでは絶対障りはないと思っていたのですが、ある時四十度の熱が出て、病院に行って薬を飲んでも効きません。そこである人にお浄めを受けたら、障りだったと言われました。一時間で熱は下がったのですが、それ以来よく障りに遭うようになってしまったのです。障りはないと思っても、受けてしまいます。我（が）をなくそう、自分は神の器だと思っても、やはり受けてしまいます。何度も挑戦するのですが、やはり肉体にきたり、感覚がなくなった時などは、このまま動かなくなるのではないかと、恐怖や不安があります。それで自分を責めてしまいます。

西園寺　障りのことについて話しましょう。本来、祈っている人が障られることは絶対ありません。障りには、いろいろなタイプがありますが、ある意識集合体によるものであったり、憎しみなどの感情的な想念であったり、どこも行かれなくて本来の地へ戻りたいという霊魂であったりします。しかし結局、死んだ人の魂、幽霊というのは、ただ、ふっと素通りして行くだけなのです。

おそらく、自分の意識が何かにひっかかっているのを、障りの症状だと勘違いして、すべての苦しみをそこへ重ねてみているのではないでしょうか。私は、全然あなたに障りは見えていません。障っていれば、重なっている体の部分があなたの背後に黒く見えるはずです。そういうのは見えませんから、心配はないし安心してください。

質問者D　朝起きて、体が動かない時があります。そして、血が通ってなくて。叩くと感覚が戻ってきます。

西園寺　あなたの場合には、障りではなくて、幽体離脱ではないでしょうか。どんな人でも、寝ている間は魂が霊界や幽界に行っています。そして、帰ってきて肉体に入ります。死は、魂が帰ってこない状態なのです。実際に普段からみんな死を体験しているのです。あなたの場合、その時、肉体から魂が離脱した状態であると、私は思います。体が動かないのは障りのためだと、あまり決めつけないほうがよいと思います。

質問者D 私は、その時にお腹と腰が痛くて、うずくまりながら世界平和の祈りを祈りながらがんばっているのですが、どうしようもなくなると、人にお浄めをお願いしております。その時の心構えを教えてください。

西園寺 それはもう呼吸法しかありません。今、病気を抱えている皆様方に呼吸法の大切さを申し上げたいと思います。

呼吸が浅い人は、ここ（胸）で息をしています。それをここ（腹）でしなければいけません。息を、ここ（丹田）に入れるぐらいまで一杯吸い込むのです。そうすると、新しいエネルギーが一杯入ります。

だから、あなたの場合も、丹田からの深い呼吸を十回ぐらいすれば、そのような状態はいっぺんになくなります。苦しい時は、浅い呼吸になっています。苦しい時こそ、

深い呼吸をしましょう。

深い呼吸をすると、雑念が出てきません。不安とか恐怖が出るでしょうか？　病気のことを考えるでしょうか？　考えないでしょう。呼吸は、生命と直結していますから、呼吸法が一番良い方法です。

相手に悪口を言われても、勝手に言わせておき、フウーッと呼吸しましょう。相手は悪口を言う気が失せてしまいます。そこで「ごめんなさいね」と言えば、しこりになりません。ところが浅い呼吸をしていると、「何よ」「何だと」と、いさかいを生んでしまいます。呼吸法は、どんな医者よりも、どんな薬よりも、一番生命エネルギーを与えてくれます。

呼吸法を行なうと、生命エネルギーが血液の中に入り込んで体のすみずみまで行き渡ってゆきます。ですから、呼吸法を実践していると、便通が良くなり、曲がっている背骨も伸びます。本当に、それほど偉大な力を持っています。丹田で深く静かに呼吸している人は、気持ちがゆったりしていて、物事を判断する時に感情に左右されません。

そして、自分は光、真理の人、家族の大黒柱、こういう意識をもって生きると、自分の一挙手一投足にまで配慮することになり、自己中心に生きなくなります。生きる姿勢、習慣を変えてゆきましょう。

人に頼ろう、息子や娘に頼ろうという意識があったら、あなたは何かに頼る生活を送ることになります。頼る意識が頼らせるのです。頼る意識が、子どもにお金を残したいという変な愛情になって現われます。五井先生[*注7]は、「財産を残すな」と言われました。残すことは、決して親の愛ではありません。

人間は一人で生まれて、一人で生きて、一人で死んでゆく。どんな結婚をして、どんな家族を持とうと、人間は一人です。一人で生きるためには強くなければなりません。強いということは、どんな困難な道でも、どんな不幸な道でも、負けないで歩めます。自分の意志で自分の人生を創るのです。

✼終わりに——光を放つ人になろう

今私は、話しながら、皆様方の過去の全部が良くなるように一人ずつ浄めています。でも、あまりやりすぎたら、皆様方の持っている権能の力を奪うことになります。これは、宗教者にとって一番罪なことです。

本当の導き手は、人々を本当に強くして、立派に自立させる人です。神を自分に顕現させる道を歩ませます。

この道を歩もうと集まった皆様方は、強い人たちです。どんな病気であろうと、たとえ余命数ヵ月の状態であろうと、問題ではありません。今、輝かしく生きること。習慣を変えてゆくことに意識を集中しましょう。笑顔で過ごしてください。自分の顔を鏡で見て、なんて輝いて美しいんだろうと、自分をほめましょう。病人だからといって、朝起きてから寝巻きのままではいけません。つらくても洋服に着替えるだけの意識を持ってください。着替えた時、あなたはもう否定的な意識から離れています。朝から晩まで寝巻きのままなら、そうしただらしのない着たきりの生き方しか出来ない人になります。年を取っても、オシャレをしましょう。女は、女らしく、女を失わず、男は、男らしく、逞しく生きるのです。いつも、光を放って生きてゆきましょう。不平不満を放たないで、光を放つのです。愛を放つのです。

（２００５年10月2日　法話会より）

注

＊1――**究極の真理**……「我即神也」「人類即神也」を指す。これは、人間は本来神そのものであるということであり、白光真宏会の教えの根幹をなすものである。

＊2――**世界人類が平和でありますように**……世界平和の祈りの祈り言。世界平和の祈りとは「世界人類が平和でありますように　日本が平和でありますように　私達の天命が完うされますように　守護霊様有難うございます　守護神様有難うございます」という祈り。

＊3――**印**……印には、さまざまな種類がある。著者が提唱した自己の神性を顕現させる「我即神也の印」と、人類に真理の目覚めを促す「人類即神也の印」は、国内外に広まり、多くの人たちによって組まれている。印の組み方は、白光真宏会のホームページ（http://www.byakko.or.jp/）でご覧いただけます。

＊4――**宇宙神**……絶対神。創造神。大宇宙を司る神。

＊5――**守護霊様、守護神様**……人間の背後にあって常に運命の修正に尽力してくれている、各人に専属の神霊を指す。守護霊は先祖の悟った霊で、正守護霊と副守

護霊がいる。正守護霊は、一人の肉体人間に専属し、その主運を指導している。副守護霊は仕事についての指導を受け持っている。守護神は、その上位にあって、各守護霊に力を添えている。

＊6——**呼吸法**……呼吸法にはさまざまな種類があるが、ここで著者が言っているのは、〝呼吸法を伴った「我即神也・成就・人類即神也」の唱名〟のこと。これは、心の中で「我即神也」と唱えながら息を吸い、息を止めて「成就」と念じ、その後、心の中で「人類即神也」と唱えながら息を吐く呼吸法である。

＊7——**五井先生**……大正五年（１９１６年）、東京に生まれる。昭和二十四年（１９４９年）、神我一体を経験し、覚者となる。白光真宏会を主宰し、祈りによる世界平和運動を提唱して、国内国外に共鳴者多数。昭和五十五年（１９８０年）、帰神（逝去）する。著書に『神と人間』『天と地をつなぐもの』『小説阿難』『老子講義』『聖書講義』など多数。

Column コラム
世界平和の祈りについて――個人人類同時成道

祈りには、個人の願望成就や欲望達成のみに行なわれるものもあります。しかし、五井先生が提唱された「世界人類が平和でありますように」という世界平和の祈りは、個人の願望や欲望を超えたところの、人類一人一人の本当の願いであり、人類一人一人の天命そのものの祈りです。

五井先生がこの祈りを提唱されたのは、戦後間もない頃で、人々が貧困に喘ぎ、仕事もなく、食べ物もなく、悲惨な状況の中でその日、その日を過ごしている時でした。

そのため、多くの宗教では、個人のその時々の苦しみを取り除き、希望や欲望を達成するための祈りを教えていました。そして、人々は、まず自分が幸せになるにはどうしたらよいのか、自分がどう生きてゆけばよいのかを神に願い、祈っていました。

しかし、五井先生はそうではなかった。五井先生は「お金を下さいでいい。助けてください、病気を治してくださいでいい。そう祈ってもいい。その代わり、最後に〝世界人類が平和でありますように〟と付け加えなさい」とお説きになったのです。

そこで我々は、「夫が無事でありますように、子どもが無事でありますように、自分の病気が治りますように」等というそれぞれの願いを入れながら、最後には「世界人類が平和でありますように」と祈ってきたのです。

その祈りは、自分の願望や欲望を超えた、世界人類の幸せを祈る祈りですから、自分自身の願望や欲望に対して自己嫌悪を感じたり、自己処罰する必要もありませんでした。

この祈りの中には、大きな意味が含まれているのです。それは「個人人類同時成道」という、祈ることにより個人と人類の両方が救われるという深い真理です。祈りはエネルギーですから、この祈りのエネルギーは、自分を救い、幸せにしながらも同時に、人類一人一人を救うのです。

教育について

自分の天命を完うしてゆくような人間になろう

✲教育を変えよう

皆様方は、一人の親としていろいろな難題を抱えながらも、真の教育を求めてここにお集まりになっています。

子どもにどのような教育を受けさせればいいかという考えは、人それぞれ違います。しかし多くの人は、子どもを学校に預け、社会でやってゆけるだけの知識や世間の常識を身に付けさせ、世に出す、その全般を教育と呼んでいます。実は、多くの人たちは、教育というもの自体が分かっていないのです。

これは日本だけの問題ではありません。教育のトラブルは、世界中に広がっています。ですから、二十一世紀の教育は、二十世紀の教育とは全く違ってこなければなりません。しかし、教育の本質、真の教育というものは、二十世紀も二十一世紀も、全く変わるものではないのです。

教育というのは、子どもに知識を与えることではありません。教育とは、人格をつくりあげてゆくものです。どんな困難にも自分の力で立ち向かい、自らが解決し、克服して、その体験を通して自信をもって自分の天命を完うしてゆくような人間をつくること。これが真の教育なのです。

今までの教育は、競争社会に打ち勝ってゆくための教育でした。教育現場が競争社会そのものでした。そのため、学校には「あの人よりは自分のほうが勝っているわ。あの人よりは自分は負けているわ」という二元対立が存在しています。それこそ人類の戦争、飢餓、貧困の原因なのです。

もし、世界中で全人的な教育が行なわれていたら、親も子どももこんなに悩むことはなかったのです。全人教育とは、全人格を極めた、本当に愛深い、赦しのある、包容力のある、叡智のある、能力のある人間をつくり、その結果、差別のない、すべてが平等であり、二元対立がない状況を創り出してゆくことですから。

※勝ちと負けで分かれる社会

子どもが学校に通うだけが教育ではありません。人間は、死ぬ瞬間まで教育の中にいます。全人教育とはそういうものです。それが生涯教育なのです。私たちは、常に学んでいる存在です。

教育とは、ある一定期間学校に行って、成績によって頭が良い悪い、数学に向いている、国語に向いていないなどと、能力の有無を決定するための場ではないのです。もちろん、教師が知識を与えるだけの場でもありません。

親も子どもも教師も、さらに社会の人々が参加して、初めて本当の教育が成り立つのです。子ども、親、学校の先生、そして地域の大人やお年寄りも含めて、みなが一緒にさまざまなテーマに取り組めば、一瞬一瞬子どもは成長していくし、一瞬一瞬親も成長してゆきます。

しかし今の競争社会はどうでしょうか。過剰生産と過剰消費に陥って、いろいろなものをないがしろにしながら営まれています。クレジット・カードで自分の使える金額を超えて、どんどん商品を購入して、消費して、後で破産する事態も相次いでいます。人が持っているものが自分も欲しくなり、衝動的に買い込んで、そして取り返しのつかない状況に陥る。これは、みな教育が間違っているためです。あの人には負けたくない、あの人にはバカにされたくない、あの人と同じように生きようという、競争社会が生み出した結果です。

競争社会では、勝つ人と負ける人が出ます。もしも自分が負ければ、自分は職を失うかもしれません。そんな会社に通っていても楽しくありませんが、それでも、子どもを育てるため、家庭を守るために毎日通うのです。誰でも何かしら、このような勝ち負けの中で生きています。だから、今の世の中で自分自身に自信をもって生きている人はほとんどいないのです。不安を抱え、恐怖を抱え、自信がなく、自分の命、自分の能力、自分自身の存在にさえ否定的な人間が大勢います。教育者も例外ではありません。今、学校の教育者はもう自分たちの子どもを教え導くことが出来ないという悩みを抱えています。自殺をする先生が増え、学校に行きたくない先生が大勢います。みな、自信がなくなっているのです。

✲子どもも親もともに学ぶ教育

教育とは、親が子どもを、または教師が子どもを教育することではありません。ともに学び合うものなのです。

子どもから学ぶことがたくさんあります。私は、子どもを三人育てましたが、本当に子どもから学ぶことが多々ありました。三人の娘は、三者三様でそれぞれ違っています。考え方も、趣味も違えば、嗜好も違っています。ですから、一人ひとりとじかに向き合い、じかに彼女らの素晴らしさを引き出さなければなりませんでした。私が間違ったら、子どもたちも間違ってしまいます。そうやって、私自身が学んできました。

子どもたちには、一人ひとりが自立して、自分の好きな道を選びなさい。ただそれだけを言い聞かせてきました。

ところが世間では、自分の子どもの能力を見極めもせず、医者や政治家にして跡を継がせようとします。子どもには子どもの人生があり、子どもが果たさなければならない天命があるのです。親は、子どもが出来るだけ楽な生き方、幸せな生き方、苦労がない生き方を望むものですが、これは間違っています。苦労すべき時には、苦労させるべきなのです。

ただし、子どものうちに心がひがんで、自己否定に入ってしまうと、そこから抜け出て自信を持たせるまでに引っ張ってゆくのは、とても時間がかかるものだと、五井先生はおっしゃっていました。うぬぼれや自信過剰、傲慢な心というのはポッとはたけば落ちるものなのです。ところが、自己否定を転換させるのは、なかなか簡単にはいきません。

自分は能力がない。自分は人と交流が出来ない、自分は人より劣っている。こういう心が子どもに植えつけられてしまうと、子どもはそこからなかなか立ち直ることが出来ません。ついには引きこもりや登校拒否に至ってしまいます。これは子どもの中にある真理が心の奥へと追いやられ、自己否定に陥っている状態なのです。

そこで親がなんとか引き出してやろうとしても、本当の真の愛、厳しい愛で接しなければ、徒労に終わります。真の愛がないと、ただオロオロ、ハラハラ、ドキドキの不安や恐怖が親の心にのしかかってきます。この苦しみが、逆に子どもにまた不安を与えるという悪循環に陥ってしまいます。

この自己否定の状態を避けるには、小さい時から、子どもに達成感や自信を与える教育が必要なのです。私の体験ですが、子ども一人ひとりが、自分に自信を持つチャンスは無限にあると感じます。私の娘は三人とも違っていて、自分の色を持っています。その特色を生かしてやるのです。

そのためには、子どもが自分でやれることは、やるまで親が待っていることが大切です。一歳を過ぎると、子どもはだんだんしゃべり始めます。誰かが「お名前なんていうの？」と質問すると、親は子どもの成長を期待していますから、親は「早く答えて」と心の中で願います。そこで、「○○ちゃんでしょ」「二歳でしょ」と、子どもの答えを待てないで、全部親が答えてしまいます。

どうして子どもが言うまで待てないのでしょう。人が何と思おうと待つのです。子どもは言わなければならないということを、もうその時点で学んでいるのです。自分の役割を知り、社会意識が芽生えます。それは、どんな小さなうちからでも始まるものなのです。

たとえば、砂遊びで、くずれてもくずれても、一つのものを完成させるまで親はじーっと見てあげることです。子どもがカニをつくっている。それはゾウさんみたいだ。でも子どもの想像の中ではカニなのだから、それでいい。ただ親は、子どもの望んだものが出来るまで待ってあげることです。「はい、もう時間だから終わり」。これでは、子どもは自分で最後まで達成したという自信がもてません。親のフィーリングで、時間で、世の中の都合で、途中で打ち切られては、子どもの達成感はいつまでたっても得られません。

たとえば、子どもにお片付けをさせる時、私は、子どもにお皿を洗ったりふかせたりする役割を与えていました。自分で食べたものは自分で片づけるよう、決めていました。そしてかえって手間がかかろうが、汚れようが、子どもの自覚に任せて片づけさせていたのです。

親が子育てにおいて、子どもが育つ状況を客観的に眺めることが大切なのです。どんなことをしようが黙って見ている。それで、いいことした時には「良かったね」とほめる。もうゆっくり構えて見ていれば、子どもは自然にどんな人とも共感できる人間に育ってゆくものなのです。人間の遺伝子には、そうなるような情報が組み込まれているのです。

本当の教育をしようと思ったら、まず親自身の人格を変革しなければいけません。子どもに何を期待していますか。子どもに何を求めているのですか。子どもに何をしてもらいたいのですか。こういった気持ちを改めてください。競争に負けてはだめ、良い成績をとりなさい、優秀な能力を身に付けなさい、社会で良いポジションに就きなさい。こういった価値を求めるかぎり、子どもは不安と恐怖を抱えた人間になってしまいます。

※子どもは神様からの贈り物

自分の子どもは、神様を通じて自分を親に選んで、生まれてきたのです。だから、子どもが社会に出るまでは、親が育てさせてもらう神様からの預かり物なのです。自分の子どもと思えば執着が出るけれども、神様を通じて選んでもらったのですから、子どもに何をしてあげれば良いかよく考えてみましょう。

親は、子どもを自立させること。もうこれ以外に親としての役割はないのです。

自分の財産を、子どもに譲ろうと思っていませんか。あるいは、老後は子どもに面倒みてもらおうと思ってはいませんか。だとしたら、まず親は自己変革しなくてはいけません。子どもに頼らない、依存しない、甘えないと決めてください。まず、親が自立してゆくことです。

親が昨日の自分よりも今日の自分、今日よりも明日と、自信を持って「どんな困難があっても大丈夫よ」と、明るく、「見てらっしゃい」と言いながら生きてゆけば、子どもはその親の姿を見て、たとえどんなイジメがあろうと、どんなに先生からたたかれようと、しっかりと自分を見失わずに生きてゆくようになります。子どもは自ら自分の尊厳、自分の価値を認め、自分の役割、自分の生きる道を見出してゆきます。親は決して、子どもの道にレールを敷いてはなりません。

子どもがどの道を進もうと、親が自信を持ってじっと見守り導いていれば、どんな困難にも耐えてゆくことが出来るものなのです。親がお姑さんや友人や世間の人の目を気にして不安や恐怖を抱いていたり、子どもが立派な人と言われたいというような虚栄心があれば、子どもも不安を覚えたり虚栄心のかたまりになります。「あなたはあなたの道を行ってね」と、自分の虚栄心や欺瞞を脱ぎ捨てた時に、子どもは親の味方になります。「お母さんは立派だよ」「お母さんは一生懸命生きてるよ」と親を理解してくれるのです。

＊子どもを最後まで信じる

大人は世間のいろいろな常識に振り回されて、自分の感性を曇らせています。でも子どもは、世間にまどわされない、みずみずしい感性を持っています。子どもは、親が思っている以上に、親を慕っています。親を愛しています。

ほめる時には、私は三人の子どもは別々に私の部屋に入れて、他の子どもに刺激やひいきがないように、「いい子ね」と、一人ひとりをうんと抱きしめてやりました。どんなに失敗があろうと、それぞれの子どもに対しては、一対一の母親でありました。

学校に行かせるだけが教育ではありません。浪人したり、フリーターになったり、ニートになったりしても、親がその子を信ずれば何も心配はいりません。もしも信ずる心が半分だと、子どもは半分の人間にしかなれません。ですから、子どもが自分のことをダメだと思っている時には、実は親が「お前はダメね」と思っていることが多いのです。

子どもが自己限定するのは、親がその子どもを限定したからでもあります。「あなたはこれは出来ないわね」「あなたの性格はだめだね」と、親から言われたら、子どもはやりきれません。先生や友人から言われるよりどれだけ傷つくことか。親は子どもの能力を見限ってはいけません。数学で0点をとってこようと、「国語は十点とった。よくやったね」と言えばいいのです。先生からバカにされ、友人はみんな頭がいいけれど自分は能力がないと落ち込んでいるところに、親に「どうして出来ないんだ」とけなされたら、立ち直るチャンスがなくなってしまいます。親だけが、子どもを認めてやれる人間なのです。

本当に自分の子どもを守ってあげられるのは、親しかいません。成績が悪くても、競争社会で負けても、「大丈夫だよ。人間の一生は長い。まだまだ死ぬまで勉強なんだよ」と言ってやってください。三年間成績が良くなくても、それは必ずあなたの体験になって生きてくるものだよ、と励ましてください。

親が「この子はダメなんだ」「落ちこぼれなんだ」「何をさせても無理なんだ」という判断を下す権利は全くないのです。

反対に、親だからこそ待つことが出来るのではないでしょうか。「失敗の体験は、必ずあなたが大人になった時に役に立つよ」と話してあげましょう。教育というものは、一生です。親も、まだ勉強途上にいます。

もしも、あなたが立派な親ではない、競争社会についていかれないダメな親だと思う心が湧いていたら、自分は世界平和の祈りを祈れるんだと考えてみてください。他の悲しい人やつらい人のために、祈ることが出来る。それは大変役に立っていることです。決して落ちこぼれではありません。祈っているのですから。その姿を子どもに見せるだけでも、子どもは自然な気持ちで、親に自分の態度を見せてくるに違いありません。

子どもの前で、親は正直であってかまわないのです。私も間違っているとわかったら、子どもに謝ります。私は、子どもが三歳でも、五歳でも、間違ってるなと思えば、即反省して「ごめんね」と言います。親だから謝らなくてもいいとは思いません。親も子どもから学ぶことはたくさんありますし、そもそも人間関係とは裸と裸のぶつかり合いなのですから。

※無限の可能性を見る

私たちみんなで教育を変えてゆきましょう。不安と恐怖を抱えたままでは、不安と恐怖の教育しか生まれません。真理が分からない限り、この不安、恐怖から脱け出る方法はないのです。競争社会に迎合する教育では、落ちこぼれは、一生落ちこぼれとしてほったらかされてしまいます。もし落ちこぼれになったら、淫らな世界にしか行かれません。安易にお金をかせぐ世界、人を脅かして得する世界。その世界から人間を救うのが、本当の教育ではないでしょうか。

すべての命を尊び、一人ひとりの存在価値を尊び、多様性を認め合う。それが教育です。親と教育者と社会と子どもが一つになって、真の教育をうち立ててゆくのが、私たちの役目なのです。私たち一人ひとりは、強くなければなりません。自信を持たなければなりません。皆様方一人ひとりの中には、子どもの教育に悩み、不安や恐怖があるかもしれません。でもその一方で、世界平和を祈っているという誇りを持っているはずです。この誇りがあれば、他の何も信仰を持っていない、真理が分からない親と同じ状況にあっても、子どもは大きく変わってゆきます。光の中に、祈りの中に、子どもは存在しているからです。

教育でも人生でも、絶対これが一〇〇パーセント正しいという道はありません。みんな一人ひとりが違う生き方をします。同じ学校で同じ教育を同じ先生から受けても、みんな同じ道を行くわけではありません。同じ教育を受けても、自分の受け取り方で、子どもの歩む方向はそれぞれ異なってきます。ほかの人と同じような生き方、考え方をさせようと思うのが間違っています。

真の教育が目指すものは、みんなが幸せになること、みんなが愛し合うこと、そして落ちこぼれもなく、敗者も勝者もない、みんなが平等で自分の意志で自分の人生を自由に創造することです。人それぞれの意志を尊重するということは、その人の命を尊重するということです。その人が何を選ぼうと、何をしようと、何を失敗しようと、周りの人たちは、一切批判や非難をする権利はないのです。ただ、見守っているだけ。早く成功するといいね。幸せになるといいね。早くそれが軌道に乗るといいね。それが周りの人の役割です。

学校に行かなくても、自分がやりたい道を歩む時、その生き方に対してみんな批判をしないで、やさしく黙って長い間じーっと見守っていたら、子どもは劣等感を感じるでしょうか。自分はダメな人間、落ちこぼれと感じるでしょうか。感じないでしょう。

みんなが「早くあなたのやってることが成功すればいいね。完成すればいいね」と、やさしく愛情をもって見守ることが本当の教育です。そのような環境にあれば、失敗しても、次に乗り越えるエネルギーが蓄えられます。一度、体験したら、それ以上そこにいる必要はないので、違う体験に挑戦します。その違う体験を積み重ねながら、自分の人格を高めてゆくのです。

人間、みんなそれぞれ咲かせる花は違います。野に咲く花もあれば、大輪を咲かせる花もあります。目立つ花もあれば、目立たぬ花もある。みんなそれぞれの天命が違うのです。みんなバラのようになれ、バラのように教育しろ、バラ以外はみんな落ちこぼれだ。これは教育ではありません。バラがあり、野の花があり、小さな草花があり、それで世の中は成り立っています。人それぞれ個性があるので世の中は素晴らしいのです。

✽不安や恐怖を与えない

それから、親は子どもの前では、霊的なことを話してはいけません。子どもに不安や恐怖を与えるような話は、一切しないでください。「あなたは特別な子よ」とか、「感受性が強いから、人の波動を受けるのよ」などと言ってはいけません。子どもは知らなければ、それは疲れとか、調子が悪いからとか、風邪ぎみだからとかで通り越してゆくものです。ところが親が、人の霊を受けるとか、これは何かが障ったとか、変な情報で子どもに不安や恐怖を植えつけると、子どもは心配で夜も眠れなくなります。子どもが不安や恐怖と戦うと、勉強どころではなくなります。ですから、普通の子として育てていただきたい。

それから、子どもは、一人になるのが不安だとか、暗いところで寝るのが不安だから、親と一緒にいたいと泣いたりします。そこで、親が子どもを突き放して、子どもを一人にして、自立を促そうとする考え方があります。

しかし、子どもは小さい時から自立するわけではありません。小さい時は、たくさんの時間一緒にいて、うんとスキンシップをして、たくさん抱きしめてあげるのがいいのです。そうすると、不安な時には親がいる、親が抱きしめてくれる、親が守ってくれるという信頼関係が出来ます。そして、十分信頼関係が出来て、満足したら、一歩一歩自分のテリトリーを外へ向かって広げてゆきます。

柿が陽（ひ）に当たり、風に当たり、雨に当たり、熟してくると、自分からポトンと落ちます。親という幹から自然に離れるのです。だけど、小さいうち若いうちにもぎ取ろうとすれば、青い実も、それからもぎ取られる幹も傷つくでしょう。早く自立させようとすると、親も不安と恐怖で迷いが生まれてきます。

ですから、十分に愛と信頼で親が守ってくれると思えば、子どもは家の外へ飛び出しても、危険だなと思ったら戻ってくるし、まだ大丈夫かなと思えば、もっと先へ行くものです。こうした行ったり来たりの体験を積みながら、自立してゆきます。子どもというのは、すごく柔軟性や生命力をもっています。

出来るだけ小さい時に体験をしていると、その体験が大きな自信となって、親の力を借りないでも自分で困難を通り越してしまうようになります。子どもが転びそうだからといって、親が障害物を外していって、赤絨毯を引いてやる必要はありません。そこで転んだら、その体験から学んで、今度はよけて通るようになります。過保護は親の執着の表われです。本人の心、命の素晴らしさを認めて、待つのです。

また、子どもの読み聞かせについてですが、読み聞かせの時は、子どもに不安、恐怖を与える話は、聞かせないようにします。必ずハッピーエンドで終わる話を選んでください。いい子は幸せになるという物語です。「悪い子はオオカミに食べられてしまう」というようなお話は、子どもは信じてしまい、不安、恐怖が植えつけられます。

教育を間違えないためには、光明思想ですべてを認めるようにしましょう。素晴らしいことを語りつづけましょう。間違っていることは、はっきりと誤りを正して、それで励ましてあげるのです。そしていいところをのばしてあげる。それが光明思想です。

あとは偉人伝を読んであげます。アインシュタインでもマザーテレサでも、素晴らしい行ないをした人、苦労を経て立派になった人の伝記を読み聞かせるのです。そういう本を親と子どもが一緒になって読みつづけ、ああ立派だなという気持ちを共有します。そうすると、自分の生き方の反省にもなります。

つまり、子どもには、霊的なことを言わない、悪い話は聞かせない、能力を限定しない。もちろん、何でもほめればよいというものではありません。それもわがままに育つ原因になります。

子どもに集中力がなかったり、夜尿症になったりしても、となりの人、周りの人と比較するから心配するわけで、子どもというのは不安、恐怖がなくなれば、自然に治るものです。「早くおねしょが治らなければ、あなたは学校に行かれないのよ。幼稚園に行かれないのよ」という脅しが、ますます緊張を呼び込んでおねしょを起こすことになります。濡らすのは母親はつらいけれど、「まあいいわ。またやったって干せばいいわ」と、リラックスさせれば子どもはしなくなるものです。二十歳になってもオムツをしている人を聞いたことがありません。ですから、あわてることはないのです。

✻命の尊厳を自覚させる教育

それから自分の命の尊さを知らしめてゆくことも大事な教育です。一人の人間が存在する陰には、神の大きな愛と、多くの人々の愛があります。私たち一人ひとりはかけがえのない命であると教えること。これが教育なのです。

科学や知識を偏重し、競争社会を勝ち抜くための教育は誤っています。そのような教育の結果を、まさに今の子どもたちが体現しています。全人教育を取り戻しましょう。そのために教育を改革しなくてはいけません。

人間は、親も子どもも区別なく、死ぬまで教育です。[*注8]「消えてゆく姿で世界平和の祈り」を行（ぎょう）じていると、大きな愛で、消えてゆく姿で、自分が変わってゆきます。必ず変わります。だから、子どもも自己限定させてはいけません。必ず出来ると、子どもを信頼してください。人よりは時間が三倍かかるかもしれません。しかし、必ず出来ます。

たとえ時間がかかっても、それでも最後まで見ていると、本人は役に立っているという自覚と、自分のことはちゃんと自分で出来たという達成感が残ります。そして、たとえ下手でも、最後までやり遂げたら、「出来るのね」とほめるのです。これが自信を付けさせるコツです。

大人もこの点では子どもと違いはありません。自分は、何をやっても中途半端でダメだと思っている人がいるかもしれません。たとえば、朝の五時半に起きて、三十分散歩しようと思う。いつも三日坊主で終わってしまう。けれども、今日は出来たから、明日も出来るかもしれない。三十分は無理だけれど、十五分散歩しよう。「ああ今日もできた、明日もやろう」という期待で、三日、四日と続き、一週間一ヵ月になると、今度はもう散歩しないのが自分で気持ち悪くなります。これも一つの達成感です。これは人に信頼されるわけではありませんが、自分が自分を信じられるよう、自分が自分を導いてゆく教育でもあるのです。人が他人を導くのではなく、最後に自分が自分を導いてゆく。自分が自分の師である。これが本当の教育です。

祈りながら、必ず出来るという気持ちを捨てないで、子どもに接してください。決してあきらめない、放棄しないでください。そして、子どもを抱きしめてあげましょう。幼い子でも大人になっていても、「幸せになってね」「いつも想ってるわよ」と言って、抱きしめるのです。一回でいいんです。そうすると今までの抑圧されたものが、愛情を感じて、バーッと解放されます。お母さんは愛してくれていたんだ。いつも想っていてくれたんだ、ということがわかるのです。愛しているがあまりに小言を言ったり、否定的な言葉を投げかけ、自己限定を与えてしまうのは、間違っています。

本当に親しか子どもの命の尊厳を認めてあげられる存在はないのです。そして、親から自分の命の尊厳を認められると、自信を持てます。自信をもつと他の人たちもその人を尊敬するようになります。

相手からバカにされたり、相手から尊敬されないのは、本当は自分自身が自分をダメだと思っているからです。それを乗り越えて、自分自身に尊厳を取り戻させられるのは、親の本当の愛情だけです。しかし、甘やかしてはいけません。人の道理に反することと、真理に反することをした時には厳しくする。それが教育の本当のあり方なのです。

やはり、執着、情愛ではなく、本当の愛情を持って子どもを自立させ、本物にさせてゆくことが大事です。それと同時に、自分も本物になってゆくのです。あらゆる苦しみや困難がやってきても克服してゆく強い自信。どんな受難がきても、それを逃げないで受け入れて自信をもって乗り越えてゆく。その心をつくりあげてゆくのが、本当の教育だと思います。最期の死ぬ瞬間まで、教育です。

※質疑応答

質問者A　息子が来年受験なんですが、反抗しているのか、勉強をしません。塾をやめてしまって、ただいつも寝転がってばかりです。どう対処すればいいのでしょうか。小さい時に、私がずいぶん押さえ込むようなしつけをしましたから、恐怖心もあるかもしれません。

西園寺　それは、一種の諦め感を抱いて、怠惰なほうに入ってしまったのでしょう。それを改めるには、親子で一緒に散歩しようとか、一緒にゲームしようとか、そういった小さな部分から、始めてはどうでしょう。五分でも十分でもいいです。彼と一緒に過ごす時間をとってください。そうすると、最初は話すのも嫌だという状況かもしれませんが、それでも親はやっぱり愛してるのよ、あなたは尊いのよと話してください。時には、「本当にごめんね、お母様が小さい時に押さえつけて」ということも言ってみてください。そうすると、必ず勉強にも励むようになります。

＊

質問者B　高校生の息子が学校に行かなくなりました。今は学校をやめるかどうかの瀬戸際になっています。今日の話を聞いて、二、三年は待とうかとも思っていますが、不安もあります。

西園寺　子どもが学校に行かなくなったのは、何か学校で衝撃があったはずです。それが何か聞きましたか。

質問者B　それが、聞いても言わないのです。

西園寺　子どもに「大丈夫よ」とか、「それはあなただけではない、どんな人でも体験することだよ」とか、共感をもって話してあげてください。「必ず大丈夫だから学校へ行く練習をしてごらん」とリラックスさせて、励ましてください。強制してはいけません。一日一日、少しずつ変わってくるでしょう。親が腹をくって待っている。そういう気持ちでいれば、子どもは親からのプレッシャーを感じず、行く用意が出来るかもしれません。

あるいは、学校の先生に聞いてみてはいかがでしょう。子どもは親に、自分がいじめられたこととか、つらい、バカにされたことが言えないものです。言えないことを言わせるのはよくありませんから、先生から聞いて、「よく我慢したわね」とか、「お母さんだって大変だったけど、でも一緒に乗り越えましょう」とか、「もう少ししたら癒されるかもしれないわね」とかって言って、方向づけしてあげればいいでしょう。何の対処もしないと、そのまま行かなくなるかもしれません。

学校をやめても、自分の心が変わらない限り、違う学校に行っても同じような状況にまたあってしまいます。これは、通り越さなければならない自分の因縁なのですから、それを体験して、乗り越えることが一つの勉強です。ですから、「学校に行かなくていいよ、やめてもいいよ」というとほっとするかもしれませんが、そこで、「でも、やめる前にもう一回行ってみよう」と勧めると、やめてもいいという前提があるから、学校に行かれるかもしれません。

その上で、本当にやめるのなら、やめてもいい。そしてその次の学校では、二度と繰り返さないように、観察し、アドバイスしながら祈りつづけてください。イヤイヤながら行かせて、引きこもりになるよりは、新しい学校で違う友達が出来て良いかもしれません。

人は、どんな瞬間でも変われるものです。だから今、行かれないからといって明日も行かない、明後日も行かないと決めつけてはいけません。

大丈夫です。子どもというのは、親が思っている以上に自分の居場所を見つけ出したいものなのです。いつまでも家にいることは、本当に苦痛です。普通、みんなが行っているのに、自分だけ行かれないというのは、自分を責め裁いてしまいます。その時に、命の尊厳とか、あなたは尊いんですよとか、一、二年遅れてもまた学校に行けるから、お互いにがんばろうとか、共感をもつようにしてください。自分一人だけで耐えられない、超えられなくても、「親も一緒に祈るからね」と話してあげれば、必ず大丈夫です。

＊

質問者C　西園寺先生は、いかなる状況においても可能性があるということを白光誌[*注9]に書かれたり、ご法話でもよくおっしゃっているのですが、それは学習障害の子どもたちにも通じるものでしょうか。私の子どもは十歳で、字が書けないし、数字もわかりません。

西園寺　それは物を覚えるより、体を使ったり、感性を働かせたりするところに能力があるのですから、自然の植物を育ててみるとか、そういうところで才能があるのではないですか。絵を描かせてみたことがありますか？

質問者C　はい。何か直感的なもの、幾何学的なものを描いています。

西園寺　そういう面に才能があります。だから今の教育の画一的なレールに乗せようとしないほうがいい。今はいろんな天才的な魂も地上に降りてきていますから、自然と交流が出来たりします。そういうところをまず育てながら、そこから達成感とか自信を得ることによって違う一歩を踏み出せます。あなたのお子さんの場合には、絵を描かせたりとか、植物を育てさせてごらんなさい。時間を作って、一緒になって、「芽が出た」とか、「ああ、花が咲いた」とか共感しながら、そういう小さな忍耐を要するものから学ばせてゆくと、命のもとにつながります。興味があるものには、積極的に勉強したりしますから、学校で普通に勉強するより違った面で才能が出てくるはずです。この世に生まれる時は、必ずみんな何かの役割をもって生まれてくるのです。

＊

質問者D　今、二十代の息子が小学校の時以来、家に閉じこもっています。ある時、飛び降り自殺をはかって、もう一生車椅子だと言われました。入院して、奇跡的に快復して、家に早く帰りたいと言っていましたが、突然家族とも会話をしなくなってしまったのです。退院しても家に連れて帰れないので、他の病院に転院しなくてはいけなくなりました。預かってくれるところが精神病院しかなく、やむなく置いてきたのです。そこで、息子は松葉杖をついていたのですが、それをちょっと振り回したら暴力を振るったとされて注射で動けなくして監禁されたような状態になりました。そこですぐに病院に引き取りに行ったら、ノートに走り書きで「家に帰りたい、家に帰りたい」と、何百回も書いてありました。もう、すぐに家に連れて帰ってきました。

家に帰ってから、最初は家族と交われなかったのですけれど、だんだん食卓にもつくようになりました。しかしまた最近、自分で食事を部屋に持って行って食べるようになって、今は家族と口をききません。

また、お料理が私よりもすごく上手で、掃除も完璧です。私が料理や掃除をすると気に入らないようです。

西園寺　じゃあ、ちゃんと自分で日常生活は出来るんですね。

質問者D　はい。だけど私は、社会に送り出してやりたいのです。

西園寺　ああ、もう少しです。あせらない。大丈夫です。親が、自分を責めることはありません。絶対に親の責任ではないのですから。これは、子がその親を通して学ぶための修行なのです。親が自分を責めたら、子どもはますます苦しくなります。子どもは、そういう天命を持って親を選んだのですから、親のあなたに満足して生きています。子どもの自立は考えるのは当然ですけれど、あせってはいけません。自分のことが自分で出来るのでしたら、本当に有り難い状況です。

質問者D　はい。有り難いんです。だから、有難うって言うんです。それで「お腹すいちゃった」とひとり言を言うと、料理を作ってテーブルの上に置いてくれているんです。

西園寺　ああ、愛情の表現ですね。そのうちに、だんだん言えなかった部分がこうやって表われてきて、しまいに言葉で表現できればもう快復です。もうちょっと待ちなさい。自然に向こうから何か言葉が出ます。

今までよくがんばりました。子どもが自殺未遂までいって、その後、精神科から子どもを連れ戻したというその直観、選択も正しかった。それからあなたは、子どもを自由に、家の中でそこまで、自立できるように自然にもっていっていますね。無意識のうちに、その子も親におんぶにだっこはつらいと思って、日常生活を自分で行なって、しっかりしていますよ。彼は本当に自立しはじめたら、いい指導者になります。
そういう苦しみを背負った人たちの導き手になります。

＊終わりに

皆様方、本当に素晴らしいご体験をお聞かせいただき、有難うございました。皆様方一人ひとりの信念、そして祈りが世界の教育を変えてゆきます。子どもたちが輝かしく自由自在に生きてゆく未来社会になるかどうかは、私たち親にかかっています。私たちが強く生きてゆかなければなりません。そして真理を表わして生きてゆく。私たちは生涯にわたって、いろいろなことを学び、より神に近づいてゆくのです。それが私たちのミッションだと思います。これからもよろしくお願いいたします。

（２００５年10月24日　法話会より）

注

＊８――**消えてゆく姿で世界平和の祈り**……すべての悪や過ちを責め裁くかわりに、過去世からの因縁の消えてゆく姿とみて、世界平和の祈りに託して、神の光明波動の中で消し去る行。

＊９――**白光誌**……白光真宏会の機関誌（月刊）。

Column コラム

世界平和の祈りについて——あなたの忠実な分身の話

この物質の世界では、自分というのは一人です。でも、私たちは日々、何百何千何万と、分身を創りだしています。それは、自らの放つ、想いの残像です。

想いというものは、目には見えません。でも、消えたわけではないのです。今まで五十年生きてきたとして、その一瞬一瞬にいろいろな残像が残っているとしたらどうでしょうか。悪い想いの残像を消さなければ、自分ばかりではなく、他人にも迷惑をかけることになります。

なぜなら想いの残像は、永遠に働きつづけるエネルギーだからです。エネルギーが消滅しない限り、その想いの通りに、忠実に働きつづけるのです。

このように言うと、〝世の中には立派ないい行ないをしているのに、不幸な人もいるけれど……?〟と、不思議に思う方もいらっしゃることでしょう。

なぜいい行ないをしながら、苦労をしなければならないのか——それは過去と過去世の処理しきれない残像が残っているからです。この残像エネルギーを昇華させてしまう、マイナスエネルギーからプラスエネルギーに変えてしまう方法が、世界平和の祈りです。

世界人類が平和でありますように、という人類的な大乗的祈りに変えてしまうと、過去（過去世も含む）の自分の発した想いの残像がきれいに消えてしまうのです。どんどん消えてゆく。昔は、いろいろ悲しい目にあった、悩むこともあった。けれど世界平和の祈りを祈りつづけているうちに、いつの間にか幸せになってしまう。それは過去の残像を世界平和の祈りの残像が消してくれるからです。

人間の心は瞬時に、天使にもなれます。でも、自分の過去をたどってみると、嫌な想いのほうが多く発せられているものです。どうして世界は滅亡に近づいているかというと、数え切れないほどの悪い想いの残像がうようよしているからです。その悪い想いの残像に引きずられて、一人、また一人と悪い想いを出してゆく。

でも、世界人類が平和でありますように、と祈ったら、自分の残像を消してゆくとともに、他人の残像、この世界の想いの残像を全部消してゆくのです。

世界人類が平和でありますように、と祈りに変えた時、自分のたけり狂った嫉妬の想いも、何もかも消えてゆきます。残像が残りません。その代わり、祈りの光像が永遠に世界平和のために働きつづけます。

私たちは毎日、忙しい生活を送っています。仕事をし、家族を養い、家事をし、子供の世話をしなければならない。けれども、世界人類が平和でありますように、と神の愛のひびきを、神の使命を受けて祈った時、自分の口から発したそのひびき、言葉は、私たちの分身となって、世界平和のために、今日も明日も働きつづけるのです。

仕事について

天職とは、人のために役立つものです

※働くとは

天職とは何でしょう。その前に、まず職を得るとは、どういうことでしょうか。人に雇われて働くということですから、まず自由が束縛されます。好きな時に旅行にも行かれないし、好きな時にデートすることも出来ません。人から命令されて動かされ、自由に時間を使うことが許されません。

時間が制限されるばかりではありません。いやな人とも付き合わなければならなくなります。いやな上司とも、適当にうまくやっていかなければなりません。

ですから働くということは、自分の思ったとおりに好きなことが出来ないし、対人関係からも逃れられません。働くということはまずそこから始まるものなのです。真に働くということが判らなければ、自分にふさわしい職を求めようとしても、見つからないものなのです。

今、ニート(NEET)が社会的な問題として取り上げられています。ニートとは「Not in Employment, Education or Training」のこと。働かないで、学校にも行かない。それから技術も身につけようとしない状態のことです。

ニートという言葉はイギリスに始まり、日本にもこうした人たちがいることが認識されました。この「学ばない」「働かない」「訓練を受けない」という状態がだんだん蔓延してきました。これは家族、両親の子育ての失敗であるし、教育の失敗であるし、社会の失敗であるし、国の失敗であるし、全人類の失敗なのです。

この背景には、現在の日本に見られる過剰生産、過剰消費、過剰廃棄という現実が横たわっています。これは誰かが改めなければなりません。

郵便はがき

料金受取人払

北山局承認

12

差出有効期間
平成20年10月
24日まで

418-0190

静岡県富士宮市
人穴八一二—一

白光真宏会出版本部
愛読者カード係

出版物等のご案内をお送りいたしますのでご記入下さい。

ふりがな ご氏名	年齢 才	男・女
〒 ご住所 Eメール:		
ご職業	ご購読の新聞名	
お買い求めの書店名	以前に愛読者カードを送られたことがありますか。 ある(　　年　　月頃):初めて	

愛読者カード　　書名　人生はよくなる―もう一つの生き方

■ご購読ありがとうございました。今後の刊行の参考にさせていただきたいと思いますので、ご感想などをお聞かせ下さい。

下記ご希望の項目に○印をつけて下さい。送呈いたします。

1. 月刊誌「白光」　2. 図書目録

本書をお知りになったのは	1. 書店で見て　2. 知人の紹介　3. 小社目録 4. 新聞の広告(紙名　　　　) 5. 雑誌の広告(誌名　　　　) 6. 書評を読んで(　　　　) 7. その他
お買い求めになった動機	1. テーマにひかれて　2. タイトルにひかれて 3. 内容を読んで　4. 帯の文章で 5. 著者を知っている　6. その他
月刊誌「白光」を	毎月読んでいる　　読んでいない

白光出版をご存じでしたか。初めて：知っていた：よく買う
☆以前読んだことのある白光出版の本(　　　　)

ご協力ありがとうございました。

なぜ人々はこう間違ってしまうのでしょうか。それは、真理がわかっていないからです。

✼天職を得るにはエゴを捨てるところから始まる

天職とは、人のために貢献する仕事です。自分の命を、自分の働きを、自分のすべてを人類のために生かすのです。そのために利己的な生き方、わがままな生き方、自分を通そうとする生き方を限りなく滅していくのです。それが天職です。

キリスト教でも、ミッションを与えられる時に、「お前はアフリカで伝道してこい」「いいえ、アフリカはいやです。アメリカがいいです。芸術もあるし、文化もあるし」と言ったのでは、これはミッションではありません。「行け」と言われれば、どこであろうと人々を救うために自分の一生を捧げて働くのです。本当に人のためになることは幸せであり、喜びであります。

本当の天職というのは、人のために役立つものです。そうなれば、自分が人から必要とされるようになります。ですから、主婦も立派な天職です。普通のサラリーマンも立派な天職です。

政治や宗教に携わって、有名になったり称えられたりすることは、天職とは関係ありません。まず夫婦がお互いの魂を高め合うために生きること。そのためには、時には自分のエゴを殺すこともあります。これは、相手の言うとおりになるのとは違います。相手と調和して、互いの長所を導き出して、昇華していく。毎日、毎月、毎年、立派になっていく。自分のことはあとまわしにして相手のために生きてこそ、最後に天職に到達できるのです。

初めから努力や忍耐をいとい、時間を奪われたり人から命令されたりすることを拒んで、天職を探すとか、自分に適した職業に就こうというのは、まったくナンセンスです。

✲熱意は仕事の時間や場所を選ばない

天職とは、人のために役立つものです

天職を得たいのなら、まず自立することです。仕事はアルバイトの皿洗いでもかまいません。そうして与えられた場、時、人間関係によって自分に何が足りないか、振り返ってみるのです。憎み、恨み、罵り、嫉妬、そのような心のまま天職を求めつづけても、天職はどこにもみつかりません。

天職とはどんな場に置かれても、どんな人間関係に置かれても、どんな時代にあっても、自分を捨てて人のために、人類のために、自分の肉体、精神、すべてを捧げる、それだけの意識がある人に与えられます。どんな職業でも、どんな汚い暗い場所でも、どんな時代においても、自分の心の中にしっかりとそういう信念があれば、必ず天職は見つかるものです。

主婦が子どもを放って、天職を求めて走ったら、子どもはどうなるでしょう。主婦が目の前のやるべきことを果たさないで、天職を求めても意味がありません。主婦は立派な天職なのです。

どんな仕事でもそうです。毎日同じことをしながらも、そこにしっかりとした精神

が入っていれば、必ず自分の守護霊様、守護神様と天が見ています。そして、もっと高いポジションへ運ばれていきます。努力もしないで、忍耐もしないで、いろいろな困難を避けて、ただ自由だけを求めて働くことはナンセンスです。天職を得る資格はありません。

仕事の適性にしてもそうです。教育者、看護師、実業家、サラリーマン、女優、ファッションモデル、キャビンアテンダント、科学者、政治家、さまざまな職業があります。しかし、その中で本当に自分は何になりたいのか考えてください。みんなからちやほやされたい、みんなから尊敬されたい、みんなからすごい人だと思われたい、お金をいっぱい取りたいという目的で仕事を求めても、それは天職にはなりません。

同じような環境で育ち、同じ程度の才能を持っていても、意識の持ち方で天職になるかならないかが決まるのです。

本当に歌が好きで、歌手になりたい。だから、どんな場所でも歌いつづけよう。どんな汚い場でも歌いたい。自分の歌で周りの人が喜ぶことが、自分の喜びとなる。暗い気持ちでいる人に、自分の歌を聴かせることによって、彼らが少しでも喜びと生きる希望を持つことが、自分の喜びとなる。人に喜びと幸せを与えたい。だから歌いつづける。本物の歌手はそこから出てくるのです。

※意識によってお金の価値は決まる

公園などで曲芸をしたり、歌を歌ったりして、お金を十円、百円もらって、この稼ぎを今日の糧とする。それは恥ではありません。お金を受け取る人の意識によって汚らわしいお金か、尊いお金かが決まるのです。

お金それ自体には何の精神性もない。使う人によって、お金に価値が出てくるのです。欲望のために使えば、悪のお金となる。これをかわいそうな人のために使えば、尊く人を生かすためのお金になるのです。

「お金のために働きたくない」と言う人がいます。それは逃げです。お金をどんどん稼げばいい。そのお金を自分の贅沢のために使わないで、人のためにお金を使えばいいのです。稼いだお金を、人類のために使うのです。

人のために役立ちたいけれど、才能もない、お金もない、労力もない、あるいは病気で出来ない。でも、祈りがあります。祈りを人類のために捧げる。それもまたりっぱな天職です。

ですから、あなた方はすでに立派な天職に就いているのです。いずれ天から必要な分だけ与えられるはずです。けれどもその前に、まず、自分を甘やかさない、人に頼らない、依存しない。自らの内にある無限なる力を引き出すこと。そこへ持っていかなければなりません。

自分が駄目だと思ったら、本当に駄目になります。自分が出来ないと思ったら、本当に出来ないのです。お金も同じこと。良く生かすか悪く生かすかは、自分自身の生き方によるのです。人間も同じことです。能力や才能で自分の価値が決まるのではありません。真にやりたいことを、一生懸命やりつづければいいのです。その道に一歩足を進めればいいのです。行動に移すことです。

行動に移さないで「あれも駄目、これも駄目」「ああでもない、こうでもない」と、理屈で納得しようとすると、本心では納得していませんから、ストレスがたまって自己否定に陥ってしまいます。

どんな人にも、能力や才能はあるものです。あこがれの人、有名な人と自分を比べて、惑わされてはいけません。自分自身の色を出すこと、自分自身が持って生まれた才能を見出すことこそ大切です。逃げないで、自分の魂、自分の本心によく耳を傾けてください。

どんな人でも、なりたいものになれるのです。やりたいことは出来るのです。人にあなたの才能を認めさせるのではなく、自分の内なる力が、意識が、やりたいことをやりつづけさせるのです。人が見ていようといまいと、認めようと認めなかろうと、そんなことは無関係です。今、自分に与えられているこの場を、この職業を、この時を、この人脈を、いかに生かし、人に幸せを与え、人に喜びを与えて自分自身もともに幸せになっていくか。これが真の働きです。

✲利他の意識が自分をレベルアップさせる

有名になることではない。権力を得ることでもない。尊敬されることでもない。あなたが必要とされる人間になることです。そういう人間になることによって、どんな道も作り上げることが出来るし、開拓することが出来るし、歩むことが出来るのです。

皿洗いがいなくなったら、コックさんは忙しくて仕方がなくなります。汚い皿に新しい料理を載せて出すわけにはいきませんから、皿洗いがどんなに大事なことか。皿洗いは、卑しい仕事でもないし、レベルの低い仕事でもありません。

仕事というものは、他を生かすものです。働きというのは他を生かすもの。自分の肉体労働、精神労働、時間のエネルギーを与えて人を生かすこと、それが働き、仕事です。自分のために働くのではない。人のために働くことによって、喜ばれ、感謝される。あなたを必要としていますと言われた時、これこそが働くことの喜びです。

そして次に、自分の意識が高まって、もっと多くの人たちのために生きようと思えば、自分がもっと多くの人たちから必要とされるようになり、より大きな立場へとおのずから引っ張られていきます。

皿洗いも、一つのミッションです。自分が洗ったピカピカの皿に新しい料理が載せられて、お客様を喜ばせる。それが自分の喜びとなる。人の見えないところでも自分の納得がいくまで仕事をする。その意識が人を動かし、自分をもっと大きな世界へ導いてくれます。

すべては人間関係です。相手を立てながら、相手の素晴らしさを称えながら、生きていく人。これはどこの道に行っても、皆から必要とされる人です。自分は本当はこんな場所にいる人間ではない、自分はもっとこういう才能があるのに誰も認めてくれないと、不平不満ばかり言っている人を、誰が必要とするでしょう。

自分自身を磨き、高める。職を通して、働きを通して、自分自身が立派になっていく。限りなく自己滅却していく。利己から利他へ。これが、個の幸せと同時に全人類の幸せを可能にする道です。

平和を唱えても、みんな自分のビジネスのことばかり、自分の国のことばかり言い立てています。親も、他の子どもを思いやり、皆で育んであげられれば、いじめはありません。皆がいかに楽をして生きよう、働かないで生きようなどと、棚からぼたもち式を求めているのなら、こういう意識から脱却しない限り、自らの人生は輝かないでしょう。こういう生き方が蔓延したなら、人類は滅亡へ向かっていきます。それを救うのが私たちの意識です。

自分が祈ることによって、自分が高めあげられると同時に、人類をも高めあげて浄めていくのです。世界人類が平和でありますようにと、他のことを祈っている人は、六十数億人の中にどれだけいるでしょうか。

祈りは、自分を通して世界に及ぶけれども、祈りのきっかけがなければ、世界平和も祈れません。自分の悩みというきっかけがなければ、最初は祈れないでしょう。自分の悩み、困難、つらさは自分を昇華するためにどれだけ必要であったか。祈りの道へ入れたというのはどんなに幸せな人生、天職を得たことでしょう。どんな問題を抱えても、どんな病気になっても、人は、人のために祈れるのです。
祈りは生活を通して、自ずと魂の中から響いてくるものです。

✲努力する日々は必ず報われる

これは私が体験した話です。アメリカでオペラを観ました。第一幕が終わって主役の女性が倒れてしまいました。そうすると、第二幕から主役は他の人に変わらなければなりません。みんなのムードが高まっているところに、突然主役が倒れて第二幕目から出られないというアナウンスがあり、観客からはブーイングです。さあ、第二幕が開きました。すると、主役とほとんど変わらない、同じ顔形、同じ雰囲気、同じ声の人が現われました。私は思わず「えっ？」って疑ったぐらい。

その人はずっと自分の出番を待ちつづけていたのです。もしかしたら一生チャンスはないかもしれない。それでも、台詞も演技も全部、主役と同じレベルで出来るよう努力し、いつでも出られるよう忍耐しつづけていました。ただただオペラが好きだから、ただただ歌いたいから、ずっとチャンスの訪れをあきらめもせず待ちつづけていた。

普通なら途中からほかの有名な歌手を連れてきても、同じように出来るものではありません。アメリカのオペラ界では、スターと同じ姿形、顔色、髪の色、言葉、振る舞い、雰囲気、同じように演技できる人を育てて、スタンバイさせていて、何かがある時に出演させることがあるそうです。結局、その人はその倒れた人を凌いで有名になりました。

その人がいつ出演できるかどうかは、誰にもわかりません。しかし、歌いたいからという一念で、じっと待っていたのです。

相手を倒したのではなく、相手が偶然倒れてチャンスが訪れた。人を動かすというのは、そういうものなのです。働きというものはそういうものなのです。目に見えない努力をしてこそ、人から必要とされ、大事にされ、尊敬され、天職に就いていきます。

もちろん、その人は端役も出来る。だからある舞台では、みんなと一緒に演じる。

だけど、いずれは主役を演じたいと思い、主役をいつも見ていた。演出家のアドバイスを自分のことのように聞いている。そのことは、演出家が一番よく知っています。

そういう意味で、成功する人、頭角を現わしていく人は、それだけ目に見えない努力を本当に果たして、自己を滅却してきたといえます。好きだからこそ続ける。そこにいることによって、学ぶことは多くあります。有名な先生について、月謝を払って個人レッスンを受けても、成功するかどうかはわかりません。その人の日々の態度、意識こそが重要なのです。

✲不満を言うより学ぶ

どんな場面に自分が置かれても、学ぶものはたくさんあります。不平不満を言って、相手のミスを批判するばかりでは、学ぶものは少ない。それでは、同じ時間、同じ職場に勤めているのに、もったいないではありませんか。ネガティブに時間を使い、ネガティブに意識を使い、ネガティブにエネルギーを使っていると、ネガティブな自分になっていきます。

どんな場を与えられても、それを自分の学びの場として、働きの場として、全力を尽くしていてこそ、本当の働きが出来、本当の自分に合った職、天職が見つかるのです。だから有名になりたいなどと最初は思っていても、自分がいま働いている場で一生懸命学んでいたら、それが天職であったと気づくのです。

農業をしていて、稲が育っていく。台風が来て、倒れないようにと愛をもって祈る。その稲が実った時、ああ、有難う。台風にもめげず、よく育ってくれた。ああ、私は農業が天職だと、気づく。自分の意識の結果が表われてくる。本当に一生懸命、人に対し一生懸命尽くせば、結果は自分に返ってくる。植物に尽くせば植物から、動物に尽くせば動物から、自然現象に尽くせばあらゆる災害に引き込まれないで済むのです。

意識の問題です。祈りでも、百万べんやることに意味があるのではありません。一回でも雑念を払い、自分を見つめて行なう。そうすれば、祈りが奇跡を起こす。自分の意識が奇跡を起こすのです。自分の意識が天職を引きつけるのです。

※必要とされる人になる

私の好きな言葉は『不可能はない』です。不可能を不可能としているのは自分の心で制限しているからです。パラリンピックでハンディキャップのある人たちが、一本の足でも、あるいは手がなくても、素晴らしい技を競い合っています。あるいは、絵画の世界でも、両手が使えないために、口で美しい絵を描いている人がいます。一本の線を真っ直ぐ描くのに必ずブルブル震え、こっちいったり、あっちいったり。でも、あきらめない。そうするとだんだん力を抜いて、意識がだんだん集中していく。だんだんコツがわかっていく。そして、いつの間にかスッと一本の線が引ける。

花なら花びらをよく観察する。どこでどうなっているか、意識して観察する。「ああ、花が咲いてるわ」と思って通り過ぎていては、ある日突然、花を描こうと思っても描けません。「ああ、ちっちゃなタンポポ、ああ、命だ。素晴らしい、ああ、美しい花びら」と思った時に、その姿が目に焼きついてるからこそ、一つの花びらをきれいに描くことが出来るのです。

すべて一瞬一瞬、置かれている場は自分の学びの場なのです。いい加減に通り過ぎたらそのままで終わってしまう。学ばないで、努力しないで、勉強しないで、技術も磨かないでそれで生きていこうというのはあり得ない。来生（らいしょう）はもっと惨めな生活になってしまいます。

職業には、貴賤はありません。どんな職業も必要とされるから、その職業が生まれたのです。キャビンアテンダントという職業は、百年前はありませんでした。今までコンピュータのオペレーターも、プログラマーもありませんでした。ですから、何が必要とされているかによって、職業も増えていきます。

どんな職業に就いても、必要とされる人間になりましょう。子どもに必要とされる母親に、妻に必要とされる夫に、社会に必要とされる人間に、人類が必要とする人間になりましょう。そして、自立する。自分の足で立つのです。

親は、自分の子どもに財産を残そうと思ってはいけません。財産を残せば、子どもはそれだけ努力しなくなります。子どもが財産をあてにして、一生懸命働かない。これでは子どもは、いつまでたっても自立できません。五井先生はおっしゃいました。「自分の財産は、死ぬまで自分で持っていなさい」と。

子どもが「いま倒産しそうなんだ。お母さん何とかして」と言ってきたら、「あなたの力量でやりなさい」と言うのです。「潰したってかまわない。小さなアパートに住んで、日々食べてゆくぐらいは稼いでいかれるでしょう」と。

❇職業は自分を向上させる場

天職を見つけるためには、自分に適った仕事はどれだろうといつまでも迷っていないで、まず一歩を踏み出すところから始まります。どんなことでも、自分で働ける分野で働いてみる。その場で一生懸命努力をする。そして学ぶ。そこで学び取ったら次の天職が待っています。自分から行くのではなく、人が待っている、天が見ている。だからおのずから引っ張ってくれる。そこで努力しなければ捨てられるだけです。どんな仕事でも、努力しなければ道は開けません。

それがどんな仕事であっても、仕事があるということは誰かに必要とされているわけです。人に尽くすことによって、その喜びが自分に返ってきます。自信が与えられ、その自信によって、自分は向上していくのです。こうして、良い循環に入っていきます。

しかし、不平不満を言い、職場を批判し、同僚を嫉妬し、憎んだりしていると、悪い循環に入って解雇されてしまいます。その心を改めない限り、次に行ってもまた捨てられるだけです。つまり、自分自身を向上させるための場が、働きの場であり、職業というものなのです。

家庭も自分を立派にさせる場です。夫や妻は言いたいことをぶつけ合っても、毎日顔を合わせる家族だから、「まあ、いいや。しょうがない、聞いとこう」と済ませてしまいます。

でも本来、家族というものは、お互いを大事にする関係であるべきです。何もしてくれないと、母親の責任にしたり、父親の責任にしたりしていないでしょうか。

天職とは、人のために役立つものです

同じように、職場の仲間の責任にしたり、上司の責任にするのは止めましょう。自分で責任をとるくらいの度量を持ってください。

人のせいにしないで、人のために尽くす人。そのような人に祈りのミッションが与えられるのです。自分が人類のために祈り、限りなく神の姿を現わすのです。

天職というのは天の職。天は、なにゆえ人間に職を与えてくれるでしょうか。それは、人類を幸せにするため、平和にするための方法なのです。

出来るだけ自分という自己を滅すること。だから、宗教が必要になってきます。自己を滅する祈り。他に還元し、人のために生きる利他的な生き方。これに徹すれば平和になります。それを多くの職業で実現できれば、世界は平和になります。今、世界に、貧困で職がない人たちがたくさんいます。私たちは、そういった人たちに職を与えるように行動し、また私たちは、どんな職でも有り難く承ることが大切です。

※質疑応答

質問者A　私は母子家庭なのですが、子どもの育児と仕事とのバランスが難しくて、それで生活をするために一生懸命仕事をしようとすると、今度は育児がおろそかになって大変です。

西園寺　子どもは、母親の姿を見て育ちます。だから、母親が「あなたのために働いているの」「あなたを食べさせるために一生懸命働いているの」などと直接的なことは言わなくても、母親の姿を見ていれば、子どもは何も言わなくても事情がわかるものです。母親が外に働きに出ていたとしても、常に子どもを愛し、子どものことを想い、子どもの成長を楽しみに働きつづけるならば、その目に見えない、形にならない愛の心のひびきが必ず子どもの心に伝わっているのです。

でも、子どもを保育園に預けて働く時、そのお金が何のために必要か。子どものためと言いながら、子どもをいい学校に行かせ、いい就職をさせるためのお金だったら、それはしないほうがいい。それは親のエゴであって、子どもはちゃんと親を見ています。

母親が一生懸命働いている姿は、子どもは何も言わなくてもわかっています。だから安心してください。そして一緒にいる時に抱きしめて、「有難うね。ママがいない時に頑張ってくれて」って褒めてあげてください。深く抱きしめるのです。子どもはそれだけで満足して、もういい子に育ちます。大丈夫です。間違いありません。そういうあなた自身の心根はちゃんと子どもに通じていますから、心配いりません。

＊

質問者B 私の職場で、重要な立場にいた方が突然落ち込んでしまい、仕事が出来ない状態になりました。そういう時に、果たしてその方を高いレベルの立場に上げたのが間違いだったのかなと思うこともあります。もう辞めたいという人を引き止めることも出来ないのですが、何か調和のとれるような人の配置はどうしたら出来るのでしょうか。

西園寺 今のご質問の直接の解答はあとで述べますが、五井先生はよくおっしゃっていました。同じ職場で働いていて、「この仕事はいやだ」と不平不満を言う人は、三倍の退職金を払ってでも辞めさせるようにと。私はどんな人でも救う、どんな人でも最後まで見捨てないのが宗教家の道ではないかと思っていましたけれども、そこが五井先生の「超常識」でした。

その人の不平不満は、他の人まで巻き込み、職場に不満分子が増えていき、しまいに会社が倒産する羽目になる。それを食い止めるのは、できるだけ不平分子をなくすことだと。これは、もちろん難しいことです。解雇すれば、その人の家族までも不幸にすることかもしれないのですから。

一方で、本当にいてほしい人に辞められたりもする。それは全部、本人の原因。どんな状況でも、原因があって結果が生じます。結果の前に、その人が原因を作って、生き方を選んで、そして最終的に結果となっていくわけです。原因は、家庭の問題かもしれないし、職場にあるのかもしれません。その原因は本人だけしか知らないけれども、いま辞めるという彼の決断は、それを受け取らなければならない結果として出てきたのです。

だから、あなたがその人にいてほしいと思っても、その人が出ることによって、逆に職場が活性化され、新しい次元が開けるかもしれません。その人にばかり頼って、その人の才能に乗ってしまったがために、その職場が発展しないという場合もありますからね。

不満や辞める原因が職場にあるなら、出来るだけ早く話し合って解決してあげるべきです。それが、職場以外の家族などから来る問題だったら、本人に任せるのです。

質問者B　はい、わかりました。それから、上の立場に上げた時に、潰れる人が多いのです。

西園寺　そうですね。昇進して突然駄目になったとかいう人がたくさんいます。プレッシャーがかかって、責任感を負ったからですね。そういう場合、その人にときどき「よくやってるね」とか「助かってるよ」といった言葉をかけて、必要としているということを相手に伝えれば、それを通り越すことが出来ます。昇進させて、それをほうっておくと、責任感の強い人は自分で全部抱えてしまい、誰にも言えないで悶々として、他に相談も出来ません。それを上司は常に見ていて、プレッシャーがかかっていると感じたら、「あなたを必要としている」「今、あなたがやっていることは尊いことなんだ」「つらいかもしれないけれども、また違う状況になるから頑張って」などと声をかけ、それでもまだ駄目だったら、ちょっとポジションを変えることも考えていいでしょう。

最近は、自殺者が増えていると話題になっています。日本では一年間に三万人以上がここ数年亡くなっています。地方へ異動になって、新しい部下がたくさん出来た。ところが、うまくやれるか自信がなくなって落ち込んでしまう。頭でああだこうだと思い込むと、だんだん行きたくなくなって、昇進したのに、仕事が嫌になって病気になって、ついには自殺してしまう人もいると聞きました。

ですから、どの人を昇進させて、どの人を昇進させまいかといった問題がある時に、昇進させる場合には上司との関係で、その人の意識を見て、今これは昇進させないほうがいいと思えば来年に延ばせばいいし、昇進させてもちょっと危ないと思ったら、二、三年でポジションを変えるようなシステムを作ったりして、人に負担をかけないように持っていくのです。

あるいは逆にハッパをかけること。気が弱いために通り越せなかったら、それを通り越させるように自信を与えてあげる。みんなで協力して、通り越させる。小さなプロジェクトを与えて、それを成功させることによって自信が得たら、次から次へと自信が出てくるでしょう。

＊

質問者C　私は、間もなく八十歳になるのですが、一人暮らしで自分で働かないと生活が出来ません。これまで働いてきた会社が倒産して、新しい会社へ採用していただきました。ここでしっかり成績を上げておかなければなりません。これから先も一人でしっかり天命を完うしたいと思います。役所に相談に行くと、生活保護を受けたらどうですかって言われます。そうすると、ここに来るわけにもいかなくなります。もう生活保護というのはギリギリで、テレビも見られなくなる。ですから、がんばって自分で働いていたいと思います。ただ、ちょっと一つ心配なことがあります。甲状腺を数年前からわずらい、手術しなさいと言われました。しかし、保証人もいないし、入院も出来ません。いろいろなサプリメントを試してきました。お金がなくなったら、もう駄目になってしまいます。その辺の不安を拭いきれない日々を過ごしています。

西園寺　あなたは八十歳になられてもなお自分で働いて自立しようと努力なさる。誰かに甘えたり、依存したりせず限りなくご自分の信念を貫こうとなさる。なかなか立派なものです。

あなたは偉い人です。無限なる能力、無限なる叡智、無限なる健康というものをまだまだ引き出せるはずです。お金が必要ならば天が見ています。それを信じてください。必ず誰かを通してあなたのところへ渡ります。だから、限りなく安心して生きてください。

天職とは、
人のために役立つものです

一歩前へ踏み出し、真剣に生きさえすれば、天職は必ず見つかります。皆様方が一番いい場所に、守護霊様、守護神様を通して導かれるでしょう。本当に自分の思ったとおりを歩んでください。そのためには、自分を尊敬し、自分を大切に思い、自分に本当に感謝してください。自分の存在そのものに。それが原点です。

今日から皆様は、神様によってよいほうへ運命が導かれていきますから、絶対に大丈夫です。日々の祈り、印によりすごい徳を積んでおられるのですから、自信を持って生きてください。

Column コラム
祈りを日常に取り入れる

今、忙しい生活を送っている人にとって、一番大事なことは、時間がどんなに速く自分の前を通り過ぎようとも、自分を見つめる時間、神に心を向ける時間、祈る時間を持つことが必要なのです。

けれども現代はそれとは逆行しているのです。忙しければ忙しいほど自分を見つめる時間を見失い、自分を反省する時間を見失い、祈りの時間がなくなっていく。だからこそ苦しみや悲しみや病気が絶えずふりかかってくるのです。

我々がある一定の時間内にこなさなければならない任務を負わされ、一分一秒も惜しいという忙しさの中で、まずやらなければならないことは、祈ること、自分を見つめることです。その仕事に対してどういう工程を踏んでいくかという心構え、そして頭の中でそれを整理し自分のエネルギーを集中させる、そういう時間を持つことが、与えられた仕事をものの見事にこなしていく原点なのです。

それを逆に、一分でも早く仕事に手をつけよう、早くいい結果を現わそうとし、自分の心を見つめ考えを練り、神と対座する時間を惜しんで仕事に没頭しつづけると、必ず何らかのトラブルが生じるものです。

天職とは、人のために役立つものです

他人が一刻も早く仕事にとりかかり、成果を上げようと必死で努力している様子を見ると、自分が取り残されてはいけないと惑わされます。しかし自分を見つめる時間、神と対座する時間を持たず、祈りを忘れて仕事にとりかかる時には、必ず何らかの問題が生じてくるのです。

人は人、自分は自分です。常に心がけなければいけないことは、朝昼晩、神と対座し神に感謝し神に祈ることです。そして正しい生き方、正しい仕事のあり方、何が目的であるかということを自分自身納得し、それを完全に掌握しない限り、すべての成就というのはあり得ないのです。

ですからますます忙しくなっていくこの現代社会で、祈りの時間を持ち、自分自身が毎日の出来事に対して感謝で受け止めているかどうかを知ることは大事なことなのです。

仕事にとりかかる前に、この仕事がうまくいきますように、この仕事を通して人類が平和へと転換されますように、自分がこの仕事に全エネルギーを注げますように、とただそれだけを祈る。その仕事を与えられたことを神に感謝する。その仕事に自分を使っていただけることに感謝する。

その感謝の心を植えつける祈りを捧げることによって、五分、十分と仕事にとりかかるのが遅れたとしても、先に始めた人以上の素晴らしい成果を、しかも短い時間で成し遂げることが出来るのです。

なぜならば、その仕事に必要な素晴らしいエネルギーが迸り出るからです。

ただ時間に追われ仕事をする人と比べれば、祈った人の仕事というものは、どれだけ濃縮され、どれだけ成果が上がり、どれだけ自分もまた周りの人も素晴らしい仕事ぶりをみせるか、格段の違いが出てくるものなのです。

人間関係について

今を懸命に生きれば、必ずまわりの人たちを良い方向に導きます

＊常識に把われずに生きる

今日は皆様方にとって、人生が転換する日となるでしょう。今までいろいろな悩み事があったことでしょうが、自分の悩み事を、ちょっと角度を変えて見ると全く違って見える、愕然とすることがあります。今日は、そのように問題が消えるかもしれません。

今の悩みは、ご自分だけの問題だとはお思いになっていないでしょうか。他の人たちは皆幸せそうで、なぜ自分の家族だけ、夫婦だけが、自分の会社だけがうまくいか

ないのだろう。自分だけが苦しんでいる、悩んでいると。しかし私には、その悩みを大事に抱えてそれを育てているように見えます。私は今まで、真理を皆様方にお話ししてきましたが、そのことと今抱えている問題がうまくつながらなくて困って右往左往しているように思われます。

皆様方の抱えている悩みは、実は皆様方だけの問題ではありません。皆様方は人類を代表して、ここに悩みをもってこられたと思っています。

皆様方は生まれてから今日に至るまで、夫や妻と出会い、子どもを産み、育ててこられました。そして、さまざまな人間関係が出来ました。まず、しっかり心の中に入れてほしいのは、これらは決して偶然ではないということです。あなたと相手の人がたまたま喫茶店で出会って、恋愛して、結婚したとして、これは偶然のように見えるけれど、決して偶然ではありません。本当にすべてが前生の因縁を果たすための必然なのです。その出会いを通して、お互いの因縁の「消えてゆく姿」が現われていくのです。そのための今生の生なのです。

人間というものは、死ぬまでずっと進化創造していくものです。さまざまな状況に悩み、苦しみますが、それを自分で解決できなければ、魂は進化していきません。人の助けを借りて、その場を無事やり過ごしたとしても、自分自身が乗り越えたことにはなりません。

要するに、今現われている状況は偶然ではなく、必ず原因があるという真理を自分自身でよくつかんでください。過去に何らかの原因があって、その結果が今の状況を通して表われ、そして消えてゆこうとしているのです。

結婚したくても結婚できない、結婚したけれども相手が浮気する、家族が調和しない、人間関係がぎくしゃくする。そうすると、抑圧され、自己否定や自己嫌悪に陥り、不平不満の目でものごとを見るようになります。しかし、そのような把われはあなただけの問題ではなく、人類共通の問題なのです。これまで人類が抱えてきた一つの大きな問題を、今、変えようとしている、あなたはその中の一人なのです。

何がいい人生で何が悪い人生かは、数字では表わせません。死ぬまで誰にもわからないことです。家庭も家族も円満で、すべてがパーフェクトに見える人であっても、ある日突然、詐欺師にあって、ハンコを押してしまったがために、困難な人生が待ち受けているかもしれません。未来は誰にもわかりません。

未来は誰にもわからない。だからこそ不安なのです。この人と結婚して、本当にいい未来が待っているのか、誰にもわかりません。もしも誰かと不倫をしたら、それは悪いことなのでしょうか、正しいことなのでしょうか。誰にもわかりません。それを決める法則はないのですから。ならば、自分で正しいもの、よいものにしていけばいいのです。

どんな状況であろうと、周囲が正しくないと言っても、自分が正しいものにすればいいのです。ただ、それによって誰かが苦しむのなら、それは反省しなければなりません。そのことを通してまわりも幸せになるのなら、それは変化していく一つのプロセスとして受け取っていいのです。でも、自分の欲望のために、誰かを犠牲にし、誰かがダメになるのなら、それが真理に沿っていないということです。それは利己的な生き方です。

結婚することは正しいのか否か。それは誰にも決められません。人間は自由に生き、進化創造していくことが、この世に生まれた一番の理由なのに、「結婚しなければ世間はなんと言うだろう」など、いろいろな束縛を作ってしまいます。

もっと勇気を持ってください。もっと強くなってください。一生懸命、今を生きてください。ただ待っているだけでは、何も変わりません。何か変化が起きるのを、誰かが来てくれるのを待っているだけでは、いい人生は訪れません。

「祈り」や「印」は、いい人生が訪れるために行なうのではありません。自分の本心につながるから、祈り、印を組むのです。偽りの自分から抜け出し、自分に勇気を与え、自分に行動に移すチャンスを与える、そのエネルギーを頂くためのものです。一人ひとり違う人生を自分で決めていく力を頂くためなのです。

たとえば今、車がたくさん走っている信号のない道路があるとします。あなたは、その道路を渡らなければなりません。お祈りして、印を組んでも、それだけでは渡ることは出来ません。渡る意志があるのなら、渡るための行動を起こさなくてはなりません。歩き始めてください。そのうえで祈り、印を組み、「絶対にうまくいく。ひかれることはない」と思えば、その目的意識によって、自分を無事、向こう側まで導くことが出来ます。

祈り、印を組むということは、自分だけの人生を自分自身で決めていくということです。人生は、六十数億の人類みな違います。そして行動に移せば、必ず変化していくものなのです。

この世に変化しないものは何もありません。生まれた赤ん坊は、一年たてば歩き始め、三年たてば憎まれ口だってきくようになります。相手も変化し、周囲の人たちも変化し、人類一人一人も変化していきます。森羅万象は変化していき、自分の心も変化していきます。自分だけは変化しないで、自分だけは常に真っ直ぐであると錯覚し、常識に縛られた枠の中で自分自身をコントロールしようとするなら、それは進化創造とはいえません。

もっと自分自身の心を自由にしてください。あなたは誰に遠慮しているのでしょうか。自分を変える以外に、今の状況を変える方法はありません。自分の運命を創造し、未来は自分が創っていくものなのです。

❋未来を恐れる前に、今を懸命に生きる

明日、地震が来たら、津波が来たら、疫病がはやったらどうなるかを想像してみてください。今ここにいる私たちは、生きていられるでしょうか。そう考えると、あなたが抱えている悩みは小さなものに思えてきませんか。もう少し、大きな視野でものごとを見てみましょう。地球は今、水が汚染され、空気が汚され、オゾン層が破壊され、温暖化が進み、動物も植物もじょじょに破滅への道をたどっています。そういう状況に生きていて、子供の将来はどうなるでしょう。人類の未来は明るいでしょうか。もっと深く考えてみましょう。こういった事実は、すべて人類のエゴ、人間の利己主義、自分さえ良ければといった一人ひとりの生き方で起こったことです。

人間にとって生きるとは何か。人間の生きることの原点を深く深く掘り下げてみると、わかることがあります。これらの未来は、一人ひとりの行動、意志によって変えられるという現実です。自分を変える以外に、今の状況を変える方法はありません。まず、あなた自身が行動に移してください。

これは何にでも通じる真実です。結婚したいと思っても、「出会いがないから」諦めていませんか。目的を持つなら、恐れを捨てましょう。未来を考えすぎて臆病になってはいけません。良い人と巡り会いたいのなら、良い人のいそうな場所にみずから出向くのです。出会うのです。ただそれだけ。エネルギーを目的に向かって集中させるのです。

自分の思いがかなわない人というのは、消極的な人。それから人に責任を転嫁する人です。この世に偶然はありません。頭でっかちにならないで、行動し、そのエネルギーは分散させないで集中させれば、必ず願いはかないます。

あなたが持っている弱さは、今生で卒業しましょう。小学校の足し算がわからなければ、大学に行けません。足し算がわかるまで、もう一度小学校からやり直さなければなりません。つまり、今度生まれてきたら同じ問題、悩み、苦しみをまた繰り返すことになります。人生で一つひとつクリアーしていく。これが人生における進化創造なのです。

ところが、多くの人は未来を心配してばかり。結婚できるかしら、子どもはうまく成長するかしら、夫は大丈夫だろうか。未来を心配していたら、心配していた通りの結果しか生まれません。恐怖や不安が同じカルマを生んでしまうのです。これが地球規模になると、戦争が起こったり、人種差別、宗教対立が起こります。みな同じ原理です。

あなたの未来はあなたの行動で創るのです。最初の一歩を歩き出しましょう。誰でも出来ることです。

人間は、誰も最初から歩けたわけではありません。赤ん坊は、ある時期、誰から教えられなくても、立ち上がり、歩き出します。右足、左足を順番に出して歩こうと、赤ん坊が考えているわけではありません。立とうという意識が集中して気が出てきて、自分の中のエネルギーが立たせるのです。積み木にぶつかって倒れても、そこであきらめない。自分の中から歩く力が湧いてきます。これが生命力というもの。これが自立です。

ところが大人になると、常識が入り、知識が邪魔し、人の思惑に規制されて、自分の素晴らしい可能性をみずから摘み取ってしまいます。同じ人間ですから、皆に自立のエネルギーは備わっているのに、なぜ行動できないのでしょう。怖いから、不安だからです。

好きな相手に振られるのが怖い、けがをするのが怖い。一度失敗すると、自分はダメだと自分にレッテルを貼る。これではいつまでたっても、悪循環から逃れられません。

能力がないとかだめな人間というのは、人が勝手に思えばいいこと。自由な人とは、そのような周りの評価にとらわれないで、行動に移し、努力し、チャンスを十分に生かす人のことです。失敗してもそれを受け入れ、それを学びの場として恐れない積極性を備えた人、今倒れても悔いのない生き方をする人のことです。それが進化創造であり、非難されてもどんな困難があっても、それをクリアーして自分を磨き高め上げられる人なのです。

未知の世界は、誰でも恐怖です。今幸せの絶頂にいる人は必ずといっていいほど、この幸せがいつ崩されるかという恐怖を持っています。でもそれを解決しなければ、どんな幸せも本当の幸せではありません。結婚しても、いい職に就いても、何の保証にもなりません。幸せを保証するのは自分自身の心です。だから、今を一生懸命生きることです。

一生懸命生きて、クタクタになって「ああ、今日は精いっぱい生きたなあ」と思えたら、明日はもっと素晴らしい一日になります。反対に「今日は、あれをしなかった。これも出来なかった」「夫に愚痴を言ってしまった」と思ったら、十分に生きていません。困難を乗り越えるエネルギーを憎しみや不満、報復に費やしてしまうと、必ず自己嫌悪に陥ってしまいます。自分は本当に生きていないと、自分を責め裁いている部分が出てきます。そうなると、自分が情けなくなり、自信をなくし、消極的になる、というように悪循環に陥ります。

✼小さな変化も重なれば輝く人生となる

人生はシーソーのように上がったり下がったりを繰り返します。十年前の姿と今の姿はどれほど違っていることでしょう。自分だけが上がり下がりしているわけではありません。今、平安な暮らしをしているような人でも、これからシーソーが始まるのかもしれません。死ぬ瞬間までわからないのですから、今の姿を誰かと比べて位置づける必要はないのです。どんな状況であれ、一生懸命生きれば、必ずまわりの人たちを良い方向に導いています。それが真理です。この真理をまず胸に入れておいてください。

それから、偶然というものはありません。必ず原因があって、理由があって今の姿があるのです。三番目に、今の状況は、自分が変わるためのチャンスだということ。

待っているのではなく、一歩踏み出し、行動に移さなくてはなりません。そして行動に移した時、すべてに変化が出てきます。

そして最後に考えなくてはならないのは、何をやるにしても、例えば「よし、一年でやってみせよう」と、自分に期限を設けることです。目標が出来ればそこに意識を集中できます。世界中をくまなく照らしている太陽の光も凸レンズによって、エネルギーを一点に集中させることが出来ます。同じように、期限を区切ると、本当に何かが変わり始めるのがわかります。

自分のエネルギーは、愛、感謝、赦しといったポジティブなものへと集中させるのです。自分で自分を励まし、歯を食いしばってがんばります。時にはつらくなる時もあります。そんな時には、自分にご褒美もあげる。本当に命がけでがんばれば、きっとポジティブに変わります。

どんな体験でも、結果が良くても悪くても、重ねれば重ねるほど人生は良くなっていくものです。どんなことでも逃げないで、恐れないで、退かないで進めば、きっと人生は変わっていくのです。知識は要りません。変わろうと一歩踏み出すことが大事です。

その一歩は、どんな小さなことでもかまいません。毎朝六時に起きていたのを、五時五十分に起きるだけでもいいのです。十分早いだけでも違います。何でもいいから日常生活を変えることです。

今までの否定的に考えていた習慣を変えるのは、自分の意識しかありません。一日何回も人の悪口を言っていたら、まずは一日やめてみる。それが出来たら、「よくやった」と自分を褒めるのです。二日目に少し言ってしまったら、次の日からまた気を付ける。これを続けると、今度は習慣になってきます。

夫に不平不満ばかり言っていたのをやめるだけでも変わります。すぐに褒め言葉は言えないでしょうから、それなら一年後には褒めてみようと思えばいいのです。「よし、一年後には、夫に褒め言葉を言おう。それまでは、不平不満や怒りをぶつけるのはやめておこう」。

最初は一ヵ月もしなくていい。三日でもかまいません。三日間、文句を言わなくて、四日目に一つ文句を言ってもいいのです。そして次の日になったら、今度は三日間を五日間に延ばすのです。それを徐々に延ばしていけば、いつの間にかそれが習慣になります。

一年後、夫に褒め言葉を言えた時、一番喜ぶのは自分です。今までは、自信がないから続かなかった。常識の範囲で何となく生きていた。でも、自分に自信をつけるためには、一つの小さなことをクリアーしていく体験を積むことがとても大事です。「褒め言葉は無理でも、文句は言わなかったじゃない。子どもに怒りたかったけど、怒らなかったじゃない」。それだけで、日常生活が変わってきます。

「必ずよくなる」「必ず素晴らしい人生を歩む」が完璧に習慣になり、最終的には「人に頼らないで、人生最後の瞬間まで私は一人で生きられる」ということになるのです。それがあたりまえの人生になるのです。

そんな皆様方の生きてきた歴史というものは、世界の常識を変える一ページになります。常識は、私たちが変えていくのです。

※質疑応答

質問者A　主人と二人で治療院をやっていますが、私たちは、人の想念波動を受ける体質のようなのです。仕事の面では割り切っていますが、日常生活の中でも、人と話をする時、相手の痛みや悩みが自分の体や心にも感じられてしまうのが、すごく辛くて……。でも最近、相手の想念波動を受けてやろうじゃないのっていう気持ちになれたんです。そういう私たちの縁からか、うちの治療院にも人の想念を受けやすい体質の方がたくさんみえて、辛いとおっしゃる方がいらっしゃるんですが、このように、想念を受けるということは、実際にあるのでしょうか。

西園寺　あります。受ければそれだけ自分が強くなります。受けることにより、自分のエネルギーを取られて、生命力が薄まってしまうようなことはありません。むしろ他のものを抱え込むことにより、すべてを抱擁できるだけの力が出てくるのです。

そういう体験を積むと免疫がついてきますから、受けても平気になります。そして自分が受けられる分しか受けません。そして、その分だけ自分が強くなります。

＊

質問者B　私は今、若い人たちからのご相談をたくさん受けています。今は学生でも、中絶の問題を抱えている方が多いんです。

一人の子どもを中絶するのは大変なことで、その子の一生分を背負って、世の役に立つという意志をもっていれば、それを埋め合わせることが出来るけれども、その意志がなければ大変なことなんだとお聞きしました。私はそう思ってきましたが、この間、若い人がこう言ったんです。魂もその人を進化させるために降りてくるのだから、自分はすぐに天に帰るのを知りながらもお腹に宿る子どももいるんじゃないか、と。私はその人たちにどう説明していいのかわからなくなりました。私としては、本当に尊い魂が一人も無駄なく降りてくるのだから、大事にしてほしいと言ったのですが。

西園寺　あなたが正しいです。命というものは本当に尊いのです。赤ちゃんが自然に流産するという場合は別です。流産というのはその魂がたった二ヵ月か三ヵ月でも、肉体の波動を感ずることを望んだ場合です。ですけど中絶というのは、生きている命をこちらの都合で断つわけですからね。それはやっぱり許されるものではない。ですから、あなたのおっしゃることは正しい。どんなに人類が進化創造しようと、お腹に宿る子どもを中絶するということは、その子の一生を台無しにすることです。

でも、もっと言うと、因縁生(いんねんしょう)を消すために、そうやって中絶される運命の子も存在はするわけね。ですから、そういう子に対して、感謝とかお互いの愛の交流があればいいが、感謝も愛もなく、ただ自我欲望のために殺すことは絶対に許されない。

そういう意味で、今の若い人たちの間には、チャネリングの新しい生き方とか、精神世界のいろんな考え方が入っているけれど、それはケース・バイ・ケースです。ただ五井先生のみ教えでは、「出来るだけやめましょう」と言っていますというふうに伝えておけばいいと思います。

(2005年11月28日　法話会より)

Column コラム

「我即神也」について──昨日よりも出来る自分になる

私たちの多くは、自分は本来、何でも出来るということを忘れてしまっています。

赤ちゃんが、初めて自分の力で寝返りを打つ時のこと、そして初めて四つん這いになり、ハイハイし、歩き出す時のことを考えてみてください。どんな天才でも、生まれながらにして立つことも歩くことも出来ないのです。しかし、いつか時が満ちれば、赤ちゃんは一人で起き上がり、そして歩き始めます。

この〝歩く〟という行為は、一見何でもないことのように思われるでしょう。でも、一つの心的、内的、霊的行為の発露でもあるのです。

仮に今、大人が知識のみで、ハイハイや歩行を体験しなおすとしたら、一冊のマニュアルをもとに学んでゆくしかありません。身体の構造、筋肉の働き、力の入れ方、重心のとり方を学び、それから実行に移してゆくには、大変な時間と労力と努力がいるでしょう。

でも、たいていの赤ちゃんは──遅い、早い、鈍い、鋭い、勘がよい、悪い、慎重派、積極的……等、もって生まれた差はありますが、自然に歩けるようになります。

ですから、大人たちは〝自分は何をしても駄目だ〟〝自分には何の能力もない〟〝自分は人より劣っている〝〝自分は何も出来ない〟……等とは決して言えないのです。素晴らしい能力を駆使して歩けたからこそ、いまの自分があるのですから。

そのすべてを忘れ果て、何十年もの間、その偉大な力を心の奥に押し込めてしまっておいて、〝自分にはそんな能力がない、力がない、出来ない〟等と言っているのでは、お話にもならないのです。どんな人でも自分が本来持っている力を思い起こせば、今までに為し得なかったようなことを成し遂げることが出来るのです。

それを具体的に現わしてゆく方法が〝我即神也〟の宣言と印です。

私たちは本来神そのものなのですから、いかなることも出来ないわけはありません。強いて言うなら、〝出来ない〟という想いが、自分を暗示にかけてしまっているだけです。

赤ちゃんの時、誰からも教えられることなく、いつの間にか自然に歩き出していたように、私たちは本来何でも出来る力を有していたのです。それを私たちは長い間、存在さえも忘れてしまって使おうとしなかっただけです。

もし、あなたがその力に集中するならば、何でも成し遂げることが出来るのです。

Column コラム
「我即神也」について――自らの存在価値を高める

人は往々にして、自分の存在を、他から認めてもらいたいものです。誰一人として、無視されたいとは思っていません。誰もが、人から尊敬され、愛されたいと望んでいます。

では、なぜ人に尊敬されたいのでしょう？　なぜ人に自分の存在価値を認めてもらいたいのでしょう？　それは、自分で自分を尊敬できないからです。嘘偽りが自分の中にあるのを知っているからです。幸せになる権利など自分にはない。その表面的な、偽りの評価によって、自分自身を束縛しているのです。

ここで、『我即神也の印の宣言文』を読んでみたいと思います。

『私が語る言葉は神そのものの言葉であり、私が発する想念は神そのものの想念であり、私が現わす行為は神そのものの行為である』

これを聞いて、『えっ！　とんでもない』と思う方もあるかも知れません。普通で言えば、『私が語る言葉は嘘偽りの言葉ばかり、私が発する想念は憎しみ、怒り、嫉妬ばかり……』こちらに賛同する人がほとんどでしょう。

でも、相手の成功を妬んでしまうのも、自分が日頃思うようにゆかず、束縛を感じているためです。自分が本当に幸せで、尊いと思えたならば、相手がどういう立場であろうと、相手の生命を尊重できるものです。

もっと自分を信じることです。私たちは、何を信ずるかによって、自分の人生を決めています。自分を信じて、自分が本当にやりたいことを選んだならば、仮に失敗したとしても、次にはもっと力強い大きな選別が出来、大きな決定が出来、大きな責任を取ることが出来るのです。

自分の未来、夢、希望に向かってまっしぐらに進むのです。信ずるのは周囲の声ではない。自分の内なる、聖なるひびき、我即神也です。

そのためにも、まず、自分自身に愛を与えてください。感謝してください。今までいろんな苦悩があったでしょう。でも、どんなに弱そうに見えても、どんなにずるそうに見えても、どんなに卑しそうに見えても、それは外面的な自分であって、本心は光り輝いている。私は神と分離したものではなく、対立したものではなく、神の叡智、神の愛がそのまま私の中に宿っているのだと、自分を愛することです。

あなたが自分自身を疑わなければ、どんなことでも出来るのです。なぜなら、あなたの中の神が、あなたを導いてくれるのですから。

老後の生き方について

私たちは年齢とともに、無限なる進化をしています

✻「自信」が老後の不安を乗り越えさせる

今日が最後の法話会になりました。私たちは年齢とともに、無限なる進化をしています。進化創造は、人生における課題です。皆様方のほとんどは、今生においてもうすでに三分の二を過ぎていらっしゃいます。これから最後の段階、いわば卒業の段階にお入りになる方々ばかりです。皆様方は、死に対して本当に達観しておられます。ですから、皆様方から寄せられたお手紙には、死の不安や恐怖、例えば「死ぬとどこへ行ってしまうの？」「この肉体がなくなったらどうなるの？」といった質問が一切

ありません。魂の中に永遠なる生命というものが本当に長い間刻み込まれているのでしょう。

死とは、神界の輝かしい光の世界へ行くということです。神様の世界で、光の中で、今度はもっと進化創造していくのです。人間というものは、宇宙神の光と合体するところまで進化創造していくことも出来ます。

皆様方は、死そのものに対しては恐れていらっしゃいません。ただ、老後の心配がおありなのではないでしょうか。「一人ぼっちになるのではないか」「病気になるのではないか」「子どもたちの面倒になってしまいはしないか」「老後を生きていくお金が保証されているか」。そういうことが老後の不安材料だと思います。これは誰でもが持っているぬぐいきれない不安感です。たとえ老後にお金の心配のない人でも、年をとっていくとなぜか不安になります。

例えば、年をとると若い時に出来たことが出来なくなります。そして、他人に頼らなければならなくなる。そうやって肉体が老化していくことに対して不安が起こります。その不安は、自分の心が起こしています。心が全部そういう状況を作り出していくのです。

この不安を乗り越えるためには、自分は神様の分霊であり、神そのものであり、守護霊様、守護神様が全部計画を立てている。だから、自分の老後は守られていると、完全に信じきること。必ず大丈夫だという、自分の信ずる力が自分の老後をプラスにするかマイナスにするかの分かれ道となります。

老後というものは、若い時にいろいろな苦労をした結果、自由に思うままに生きる人生の時期なのです。これが本当の老後の幸せです。その老後の幸せを作り出していくのは、自分自身の心次第です。老後を生きるビジョン、老後に対する目的をはっきり決めておけば、自ずから心がその方向に導いてくれます。

✲過去への執着心を手放す

皆様方がこれまで送ってこられた人生を振り返ってみて、たとえば「子どもの問題が自分を苦しめている」「会社の倒産が自分をここまで追い詰めた」といった物質的な表面的な目に見える条件が、自分の苦しみや痛みの原因であり、そのために怒りや不平不満といった感情を抱いて、その日その日を何とか生きてきたと思ってはいないでしょうか。しかし、老後に向かって私たちが一番なすべきことは、そういった思いを「手放す」ことなのです。お金、財産、家族、そういった物質的な目に見えるものよりも、自分の過去の思い、過去の出来事、家族への執着、そういう心に関するものを手放していくのです。

「私は夫や子どもがいるから家庭から自由になれないけど、あの方は一人身だから音楽会や食事会に自由にいけてうらやましい」と思っている人もいます。反対に、愛した夫や子どもに先立たれ、過去の思い出をひきずって、一人さみしく不安に生きていく老後もあります。自分の苦労の原因が、夫や子ども、あるいはお金や病気のように思えるかもしれませんが、自分の心の働き次第でいくらでも幸せに、自由に生きていかれるのです。

執着や把われがあると、人間の心は不自由になります。普通、自分に苦痛をもたらした相手に対して、「この人だけは許せない、自分を無視し、自分を痛めつづけ、苦しめたのだから赦せない」と、自分の心は憎しみで満たされます。しかし、宗教は「相手を赦しなさい」と言います。

「赦す」とは、自分の心から「赦せない」という感情を手放すことなのです。憎い相手を見るたびに生まれる嫌な思い、相手が自分に与えてきた苦しみや悲しみ。そういった事柄をいつも引きずって歩いていると、いつも「赦せない」ほうを選択してしまいます。そうすると、その人の人生は、結局不幸な、不自由な生き方になってしまいます。しかし、ある時点で自分の心が「赦す」ほうを選択すれば、その人は「赦せない」心の苦痛から自由になります。もう、過去の執着を引きずらないですむのです。つらいけれど赦し、手放し、執着を捨てるのです。

いくら家族が大勢いて楽しくても、年をとっていくと子どもは巣立っていき、一人また一人とだんだん周りに人がいなくなります。過去の家族の思い出と比べると、未来はいつも寂しく、孤独で、不自由なものでしかありません。つまり過去への執着が、その不幸を生み出しています。

物がなくても、病気であっても、心が常に神様の中にいて、自分はさらに進歩すると信じましょう。今の苦痛を受容し、乗り越えることによって、自分は磨かれ、立派に、愛深い人になれるという、その喜びが自分の老後を築き上げていくはずです。どんな状況にあっても過去は過去、未来は未来、今の瞬間を一生懸命諦めないで努力して生きることが、老後を豊かなものに導いてくれます。

老後は病気になると思っていると、今のうちからどこの病院がいいかと探し始めます。老後は孤独だ、きっと施設に入ると思っていると、今のうちから老人施設を選びはじめます。もしも不安がなければ、入居施設も病院も選ぶ必要はありません。

しかし、天はうまくしたもので、今生での人生を閉じるために大きな宇宙の光を、そしてエネルギーを与えてくださいます。自分で行くべき世界へちゃんと守護霊様、守護神様とともに連れて行ってくださいます。

私たちは年齢とともに、無限なる進化をしています

老後とは一般に考えられているような、苦しみでも、孤独でも、寂しさでもありません。確かに年をとると自分でさえ知らない嫌な面、自分が尊敬できない姿が出てきます。お金、執着心、依存心、甘えといった自分でも自由にならない心が出てきます。しかし、それは消えていく姿。過去の心です。本当の心ではありません。本当の心とは、皆様方が平和の祈りを祈り、そして究極の真理を学びたいという、その心が本物の心です。消えていく姿の心と本心の心とは違います。

「絶対に大丈夫」と、自分自身を信ずる心が欠けていると、いつまでも執着が消えません。マイナスの心を追いやって「絶対大丈夫」と信じるのです。そうすれば、必ず「大丈夫、安心、自立」のほうを選択します。次に選択する時は「前回はうまくいった」という自信が、よい方向を選択します。この積み重ねがだんだんと人間を磨いて、高みにあげていくのです。

反対に、あきらめ、不安、恐れといった消極的、否定的な方向を選択したら、不安や恐れが心に残っているので、次もマイナスの否定的な方向に歩みを進めてしまうの

私たちは年齢とともに、
無限なる進化をしています

です。それが一年も二年も続くと、なかなか引き返せません。それは一つの真理です。ところが、その真理が多くの人に理解できません。

自分の心自体が、人生を創り出しています。やろうと決めれば、必ず出来るものだし、諦めれば出来なくなります。心というものはそれだけのエネルギーがあるのです。だから、「もうダメだ、苦しい。でも、これが自分に与えられた進化創造だ。これをクリアーすれば自分はここから卒業できる。今の状態を受容してがんばろう」と一歩前に出た時には、すべては消えてしまうものです。この真理は、一度体験すれば理解できます。自由な輝かしい世界が眼前に展開するのです。ただ、多くの人たちは、体験する前に防御し、無難で安全な方向、不自由な方向へ流れていきがちです。

✲老いて依存しない心を養う

昨日出来なかったことが、今日は少し出来る。今日出来なかったことが、明日はもう少し出来る。その積み重ねが人生です。

ところが多くの人々は、老後というものは、今日出来たことが明日出来なくなると思い込んでいます。今日は歩けたのに、明日は歩けなくなる。今日は食べられたのに、明日は食べられなくなる。おそらくこれが常識的な判断でしょう。

しかし、天命を百パーセント信じて生きていれば、老いてさえ、今日出来なかったことが、明日出来るのです。真理を知っている人たちは、皆そういう生き方が出来ます。真理を知らない人たちは、自分の思い込みで、出来ることも出来なくしてしまいます。

人生というものは、一瞬、一瞬の選択の積み重ね。これが人生です。不安や恐怖の感情は、不安、恐怖の人生を選択してしまいます。お金がなく、病気にふせっていても、「神様に守られている」「この体験を通して、それをクリアーすれば、必ずそこから抜け出られる。だから逃げないで受容して、そこを通り越そう」と決めれば、通り越せるものなのです。

もし間違った選択を重ねれば、不安、不幸、孤独、惨めな一生を終えるかもしれません。素晴らしい、より輝かしい、魂を磨き上げる進化創造の道を選べば、老後まで輝かしく生き切ることが出来ます。その根本が信念であり、依存をしない心です。

今、手で瓶などのフタが取りづらくなってきたとする。でも、ここで人に頼ってしまうと、次からきっと誰かにお願いしてしまうでしょう。ですから、いろいろな工夫を自分で試してみるのです。諦めないかぎり出来るものです。ところが、諦めてしまう人がなんと多いことでしょう。病気、お金、就職、結婚……諦めていないでしょうか。人生は、体験を積み重ねた結果であり、それは自分の心で築き上げたものなのです。この真理を知っているということは、これから老後にとって尊い宝となります。

今からでも変えられると、変えられる自分を信じましょう。過去は終わってしまったこと。過去を基準にして未来の選択をする愚かさはやめましょう。

老後を考えると、お金があるだろうか、施設に入らなければいけないのかと、不安が心をよぎるでしょう。その不安は、年をとるに連れて増していくばかりです。しかし、一番大事なのは自分の心。幸せというのは自分自身の心のあり方ですから、病気になっても、お金がなくても、幸せだと感じる人が幸せになるのです。すべての執着を手放し、老後を輝かしく生きるんだと自分の中にミッションを持ってください。

多くの人たちは、自分の心を隠すために、自分の弱さを見せないために、虚栄心やエゴで自分を守っています。出来ないのに、出来るふり、持っていないのに、持っているふり。自分で自分に嘘をつき裏切っています。だからものごとが複雑になるのです。だから孤独になるのです。助けが必要な時には、虚栄心やエゴを捨て切って、本来の自分を出せば、もっと人生は単純になります。「私には出来ません」と無邪気に正直に助けを請えば、助けは必ず差し伸べられます。「じゃあ、こういうふうにしてごらんなさい」「あっ、出来た」と。

もちろん助けていただければ「有難うね」って言いますが、最後まで「自分で出来る」と信じれば、人間にはすごい力が発揮できるのです。それは、一度体験すればわかります。どんなに頭でわかっていても、本を読んで知識を持っていても、体験に勝るものではありません。体験する前に恐れてばかりいて保身で固まっていると、出来ないという不安、恐怖は心の中から拭い去ることが出来ません。

体験して、不安や苦痛を通り越すことの喜びは、百万円、一千万円といった大金が手に入るより、あるいはどんな成功よりも、魂の喜びとなります。ご馳走を食べたり旅行に行ったりするのも、大切で必要なことですが、それは一時の幸せ。悲しみや痛みを通り越した時の喜びは、何ものにも代えられない魂の至福となります。「有り難い、有り難い」という感謝の気持ちが自然に湧いてきます。それは本当に魂からの感謝です。

依存しないで生きてください。それを本当に試してみてください。その体験こそが尊いのです。一度その体験を通り越したら、二度と同じ不幸はやってきません。なぜ同じ不幸が来るかというと、逃げているからです。一度、二度と人に助けられ、さらにいろいろな条件に恵まれて助かったとしても、本人がそれを卒業していなければ、また年月を変え、相手を変えて、同じ苦しみが訪れます。苦しみを自分で受容しない限り、乗り越える体験をしない限り、卒業できないものなのです。

✲常識に惑わされない

自分には無限なるエネルギー、無限なる能力があるということを、毎日信じて自らに言い聞かせることによって、それが自分の当たり前になってきます。一方、世間の当たり前とは、不安や恐怖から逃れようとし、無難に過ごすことをよしとします。これは人類が長い年月をかけて作ってきた「常識」です。そして今、そういった常識を背負った私たちが今ここに生きています。しかし、今度は私たちの心が、未来の人類を創っていく番です。だとすると、ここで私たちは未来を変えていく分かれ道に立っているともいえます。常識を変えて真理を打ち出していく道です。世の中の常識に汚染されてはなりません。人のために尽くして喜ぶ、人のために生きることが幸せ、そういう生き方に変わってこなければなりません。私たちの選択が、次の子どもの世代、孫の世代に人類が真理に沿った生き方に変わっているか、それとも不幸や苦しみ、悲しみの中にいるかを決めるのです。

どちらを基準にして選択するかは本人の自由です。でも、あなたはまだ世間の常識を基準にしますか。あの人がそう言ったから、私もそうしよう、と思うのでしょうか。それは、あまりに悲しくありませんか。自分の人生は、自分一人でしか創れないのです。一人として他人と同じ一生はありません。あなたと私が同じ選択をしても、進む道は異なっています。

あなた一人でも、あなたの信じる道を選んでください。人間は必ず、それが出来ます。なぜならば、あなた方の心の奥には「我即神也」の真理があるからです。「我即神也」とは、神の中には欠けたるものがないということです。欠けたるものがないということは、本来病気はない、貧乏もない、不幸もない、孤独もないということ。

でも、実際には貧乏も不幸も孤独も存在しています。それは人類が自ら創造してきたものなのです。人類が過去に誤った想念で創り出したものなのです。そのようなものに、私たちが服従する必要はありません。反対に、過ちを消していくのが私たちのミッションです。

過去の至らないあなた自身を、今すぐ捨てて、手放してください。本当の真理に目覚めた本心の自分が表に現われれば、その本心に従って選択するのです。

これまでの人生は、すべて一瞬一瞬の選択の積み重ねでした。その結果が良きにしろ、悪しきにしろ、とにかく自分で選んだのです。でも、この先まだ未来はずっと続いています。これからの選択は、世間の常識ではなく、自分が恐れや不安のために選べなかった進化創造の道を選ぶことに決めてください。それは、自分が輝かしい老後を送るための第一歩となります。あなたの老後は、今日の一瞬一瞬の選択で決まると心にとどめておいてください。

日常、食べ物を選ぶのも、たばこを吸うのも、人生の選択の一つ。甘いものをたくさん食べるのも、腹八分目に抑えるのも、「今日は肉より野菜だ」「今日からタバコをやめよう、お酒を控えよう」と決めるのも選択です。病気になるかならないか、原因は自分自身にあります。それが一見取るに足らないような小さなことでも、選択を重ねて、知らないうちに病気を作り出したり、不幸を招いたりします。反対にその選択によって、それまでひどかった状況が変化し、やがて家族が調和し、人からも尊敬され、自分が輝くようにもなります。

✽小さな日常の選択の積み重ねが未来を作る

何でもない小さな一つひとつ、一瞬一瞬の選択が人生を決めていきます。風邪気味の時に「お風呂入ろうか、入るまいか」と迷って、入ったために風邪がひどくなることもあります。「今日はお風呂をやめておこう」と決めれば、何事もなく通り越してしまったはず。私は子どもの時に「一粒のお米は、お百姓さんを通して、神様から頂いた尊いもの」と教えられたので、ご飯を残すのが嫌でした。残すのはいけないことで、全部食べなければと思うから、必死になって食べます。すると食べ過ぎて、お腹が痛くなることがあります。しかし、「ごめんなさい、神様どうかお許しください」と、ご飯を残すという選択もあります。何でもない日常の小さな選択が、自分自身を不自由にしています。不自由というのは、心が成せる業（わざ）です。母親の言葉に把われて、残さず食べることによって自分の病気を招いてしまいます。自分の尊い命、自分の肉体を汚してしまったら、今度は自分の神様に申しわけないことになります。そう思えば、「ごめんなさい」の選択で、神様から頂いた自分の命を最後の瞬間までていねいに扱って生きていくことも出来ます。

人間は、いつ、どこで、何が起きるかわかりません。その時に悔いを残さないように、一瞬一瞬輝いて生きることこそ大事なのです。老後を心配する前に、今この一瞬一瞬を本当に輝いて生きることです。

お金がどんなにあっても、健康であっても、家族に囲まれても、いま大地震が起これば全部なくなるかもしれません。何のためにお金を貯めてきたのでしょう。老後のために、孫にお祝いもあげず、人との会食にも行かず、コツコツ貯めてきたお金も、家も、宝石も全部灰燼に帰すかもしれません。それくらいなら「過去にもっと人のために尽くしておけばよかった」あるいは「自分を喜ばせるために使えばよかった」と思いませんか。耐えることのみを自分に選択させるのは間違っています。自分を喜ばせることも大事だし、肉体をていねいに扱うことも大事です。たまには豪華なお食事もしたり、旅行に出て、自分の心を違う環境に持っていくことも必要です。自分にご褒美をあげると、魂が喜びます。

お金は、今、必要とする人のために使うのです。お金は貯めるより、使うことによって役に立ち、やがて自分にもその報いが返ってきます。だから、今輝いていれば、老後を恐れることはありません。

だからといって、今のうちに全部お金を使っておこうと思う必要もない。それはあなた方の選択の範囲です。チマチマと暮らし、不自由に生きることは本当の幸せではありません。普段は忍耐していても、一週間に一回、「そうだ、出かけよう」「友だちと会おう」「電話してお食事に誘ってみよう」と心とお金を動かすことが大事。それでお金がなくなることはありませんから。誘ったら、今度は誘われます。そのように信ずることが、お金を呼び寄せ、健康を導き出し、そして永遠の幸せを得て、未来の死を輝かしいものにするのです。

自分を信じられないから貧しくなり、信じられないから病気になり、信じられないから不幸が来るのです。自分自身を信ずることが一番大事。「我即神也」です。自分が出来ると信じたことは、諦めない限り必ず叶います。

※質疑応答

質問者A 先日、十七年間飼っていた猫が死んでしまいました。動物病院に入院させた翌日に駆けつけた時には、目が見えなくなっており、名前を呼んだら少し頭を持ち上げました。わかってくれたと思います。入院させて帰り際に、ありったけの声で二回鳴きました。なぜそのままそばについていてやれなかったのか、思い出すたびに涙が出ます。どうしようもなく後悔して自分を責めています。人間でいえば八十五歳といいますし、十七年間お互い幸せでしたから、諦めようと思うのですが、どうしても諦めることが出来ません。猫の毛布や湯たんぽや好きな食べ物を見るたびに涙が出てきます。西園寺先生は自分の心を他に支配させないこと、とおっしゃっていますが、現在死んだ猫のことで心のコントロールが出来ず乱れております。どのような気持ちでこれを克服したらよいかご教示ください。

西園寺　ああ、いい方ね、やさしいのね。わかりますよ。十七年間本当に家族と同様だったのですものね。夫でも、妻でも、子どもでも、あなたと同じように愛する人を亡くした場合、一時、苦しみや悲しみが続きます。そして次第に、なぜあの時にああしてやれなかったのかという後悔と、過去の楽しかった記憶がよみがえってきます。でも十七年間も、本当に大事にされて、本当に家族のように愛されてきた猫は、あなたの魂の世界にまで至るわけですから、どんな猫よりも幸せです。本当に愛されて、幸せで、感謝して逝った猫は、その飼い主の魂のレベルまで行きます。飼い主の魂の次元が低ければ低いところ、次元が高ければ高いところまで連れて行ってもらえます。猫は本当に感謝していることでしょう。

あなたが、今、食べられなかったり眠れなかったりするのも本当にわかります。でも自然にだんだん時が癒してくれます。ですから「こうしなければいけない、こうするべきだ」と、自分に圧力をかけないほうがいいでしょう。結局、時間が経つに連れて、自分で自然に受容し、それでよかったんだと思えるようになります。ところが、あまりにもその死に執着すると、魂は本来行くべきところから地上界へ引き降ろされてしまいます。「ああ、猫はいいところへ行っているんだ、私があちらの世界に行った時にまた会いましょうね。それまで待っててね」でいいのです。

人間でも同じです。愛している人が逝ってしまって自分は一人で生きていく気力もない。何の楽しみもない。過去のご主人との思い出にふけっていると、未来は全然創られていかないということになります。ですから、「ああ、主人もいいところへ行くわ。今度は私が行くから待っててね」「あなたより輝いて、もっと進化創造してあなたを救ってあげるわ」というくらいのミッション持って生きていけば、その悲しみが今度は目的に変わって、自分自身がより豊かに、より大きく感謝しつつ生きることになります。もちろん、それは心の問題ですから、急には出来ないことです。

本来、犬や猫が行かれない世界へ、その猫は行っていますよ。飼い主が本当にいい魂だといい魂のところまで行かれます。猫は喜んでいることでしょう。

＊

質問者B　亡くなった主人とはそれぞれ行くところが違うから、魂の段階が違うから会えないと伺いました。

西園寺　それぞれ魂の段階が違いますから、上の人は自由に下がってこられますが、下の人は上に行けません。あなたのほうが上に行きますから、あなたが会いたければ会うことが出来ます。魂は、霊界に行ってからも、進化創造を続けます。つまり私たちは宇宙神の最高のところまで磨き高め上げられるのです。しかし今生で魂を高め上げたほうが、より効果があります。だから、今生は歯を食いしばっても、どんなことでも耐えて、死後、神界へ真っ直ぐ行くという、それぐらいの気力があればかなり高められます。

＊

質問者C　私は父を随分前に亡くしております。わがままいっぱいのまま親孝行もしないで父を亡くしたことをすごく後悔しています。私たちが一生懸命この世で世界平和の祈りを祈れば、父が天界で地位が上がり、幸せになれると信じていましたが、違っているでしょうか。亡くなった後も私たちが一生懸命やっていればそれは通じますか。

西園寺　普通、魂というものは今生の修行によって行く場所が定まり、そこからまた精進しつつ進化創造を繰り返します。本来ならば、お父様のご修行で決まることです。だけれども、周りからのお祈りの応援で、お父様の心の中に自然に真理が入ると、修行がしやすくなります。そのため、ご自分の力でどんどん昇っていけます。

　お父様が神界にいることを信じてください。大丈夫ですよ。

質問者C　もう一つ伺います。選択は、全部自己責任ですね。

西園寺　厳しいようですが、その通りです。「自分が今こういうふうになったのは夫のせいよ、お父様のせいよ」と言いたくなるかもしれません。でも、もっと自分の魂、心を立派にするためには、今自分が置かれている厳しい状況、環境を飛び越えて、進化創造していかなければなりません。でも、魂によってその状況は違います。十俵を背負える人が八俵を背負ったら、「まだ背負えるんじゃないの、あと二俵足りないよ」って言われるかもしれませんが、二俵しか背負えない人に三俵背負わせると苦痛でしょう？　守護霊様、守護神様は愛そのものですから、その人が背負えるだけの苦しみや悲しみや不幸を課していきますが、強い人に対してはさらに厳しい状況を作り上げて、それでも乗り越えるだけの力をお与えになるのです。

自分の魂の大きさは、自分ではわかりません。しかし守護霊様や守護神様にはわかりますから、十俵背負える人が二俵で「フーフー」言っているようなら、「がんばりが足りないよ、十俵背負えるのに怠けるな」と励ますでしょう。しかし二俵しか背負えない人に「あなた五俵背負いなさい。あなたの責任よ」と言われても背負えないでしょう。それぞれの段階によって、真理というものは説かれているわけです。みんなそれぞれに抱えている問題は、その人自身が背負えるものであるということ。どんな厳しい状況にあっても、乗り越えられるからこそ守護霊様、守護神様はそれを与えているわけです。

ですから、一番覚えておくべきは、「これは通り越せるか通り越せないか」ではなく、あるいは「信じられるか信じられないか」でもなく、前提は「守護霊、守護神はその人の器以上のことは絶対に与えない」ということです。これは真理です。だから通り越せるということ。それを受けることによって進化創造が倍化されます。そして、それも結局、その状況を選んだのは自分の本心なのです。

（2005年12月12日　法話会より）

Column コラム
我即神也の印の働き

〝我即神也の印〟は、宇宙のエネルギーと交流できる方法である。〝印〟を組む時、両手の角度、方位方角、視線、手が描く直線・曲線・放物線・呼吸等がミックスされ一つの型を形づくってゆく。その印を組む流れによって波動が生じ、その波動が宇宙の無限なるエネルギー波動と合流する。我々の体内からは通常誰でもほんの僅かではあるが、磁気、静電気、音波、電磁波、放射線等を出している。それら物理的因子は印の流れ（宇宙の法則）に従って宇宙根源なる無限なるエネルギーを自分の体内に流入させ、その力を大いに増してゆく。いわゆる超越的エネルギーと化してゆくのである。それによって自分の肉体、意識、生理状態、感情をコントロールすることが出来るようになる。マイナスの部分をすべてプラスに変換させる働きがあるのである。かつまた、自分だけではなく、他人の生理状態、意識、感情、病気、運気等に対して客観的な変化を引き起こすことも出来るのである。

〝印〟は現代科学の範疇に入らないまったく新しい、宇宙法則に則った方法であるため、今の段階では実際に印を組む人たちによって現実に証明してゆくことが大事なことと言えよう。

私たちは年齢とともに、無限なる進化をしています

〝我即神也の印〟を組む以前と組んだ後との差がはっきりと証明されればよいわけである。印を組む以前は身体の調子や精神的、そして運命的によくなかった状態が、印を組んだ後にははっきりと善いほうへと改善されてゆけば、その違いが誰にでもわかる。身体の調子も精神も運気も見違えるようによくなっていく。明らかによくなってゆく。変化してゆく。事故がなくなる。失敗がなくなる。何においても自信がついてくる……。これらのことは今までの例で明らかなことである。

だがしかし〝何故〟と問われた時、未知の現象を説明する時と同様、科学的な答えに窮してしまう。次元の異なる神秘なる宇宙根源のエネルギーが体内に存在している生命エネルギーと合体し、全くあらたなる超越的エネルギーに変換されてゆくのである。であるから、今までは自分自身の生命エネルギーだけではうまくゆかなかったいかなる運気も病気も仕事も、印を組み宇宙根源なるエネルギーを取り入れることによって、単なる生命を維持するだけの働きであった生命エネルギーが何らかの化学的変化によって力を増し、超越的エネルギーに変換され、その偉大なる強力なる超越的な働きによってすべての壁を覆し、今まで決して変えることが出来なかった状況をすべて善なる方向に一変させてしまうのである。

この〝我即神也〟を組むところ、その周りの気がすべて変化する。空気、大地、海、河、山、動植物、そして人間、生きとし生けるもの、あらゆるいっさいのものが生き生きと輝いてくる。澄み浄まった新鮮な空気、水、大地となって再びこの地上によみがえ

ることになる。この〝我即神也の印〟の科学的証明が為されることが待たれるのであるが、我々は先ず、その証明に先駆けて印を組みつづけているのである。

確かにあちらでもこちらでも印を組むところに素晴らしい変化が生じている。人間の本来の姿、神そのものの力を改めて見せられたような気がする。我々は神と同様〝何事も為せばなる〟という存在者だったのである。だがいつの間にか〝何事を為してもならん〟という状態に変わってしまった。だがしかし、真理に目覚めた人たち、そして目覚めつつある人たちによって、また再び〝我即神也〟の意識が蘇り、人類に意識革命が広がりつつあるのである。

あなたも〝我即神也〟の印を組んでみませんか。正しく組むことによって必ず何らかの素晴らしい効果が現われるはずです。

参考資料

人間と真実の生き方

人間は本来、神の分霊(わけみたま)であって、業生(ごうしょう)ではなく、つねに守護霊(しゅごれい)、守護神(しゅごじん)によって守られているものである。

この世のなかのすべての苦悩は、人間の過去世(かこせ)から現在にいたる誤てる想念が、その運命と現われて消えてゆく時に起る姿である。

いかなる苦悩といえど現われれば必ず消えるものであるから、消え去るのであるという強い信念と、今からよくなるのであるという善念を起し、どんな困難のなかにあっても、自分を赦(ゆる)し人を赦し、自分を愛し人を愛す、愛と真(まこと)と赦しの言行をなしつづけてゆくとともに、守護霊、守護神への感謝の心をつねに想い、世界平和の祈りを祈りつづけてゆけば、個人も人類も真の救いを体得出来るものである。

世界平和の祈り

世界人類が平和でありますように
日本が平和でありますように
私達の天命が完(まっと)うされますように
守護霊様ありがとうございます
守護神様ありがとうございます

地球世界感謝行

現在のところ、地球や大地や空気や水に対して真に感謝の祈りを捧げる地球人はまだわずかの人々です。そこで、こうした人々に代わって、次のような感謝の言葉を唱え、地球世界を司る神々様に対し、深く感謝の祈りを捧げます。

海への感謝

人類を代表して／海を司る神々様に／感謝申し上げます。／海さん、有難うございます。／我々は／あなた様によって／生かされています。／その限りなき恩恵に／心より感謝申し上げます。／そのお心も知らぬ／人類の傍若無人なる振舞いを／どうぞお許し下さい。／岸をたたき／浜をけずり／船をのみこむ／逆まく大波／荒れ狂う大波の数々を／どうぞおしずめ下さい。／世界人類が平和でありますように／海を司る神々様有難うございます。

大地への感謝

人類を代表して／大地を司る神々様に／感謝申し上げます。／大地さん、有難うございます。／あなた様によって／我々は生かされています。／あらゆる生命を生み／育て／生かして下さる大地の／限りなき恵みに／心より感謝申し上げます。／世界人類が平和でありますように／大地を司る神々様有難うございます。

山への感謝

人類を代表して／山を司る神々様に／感謝申し上げます。／山さん、有難うございます。／我々は／あなた様によって生かされています。／その限りなき恩恵に／心より感謝申し上げます。／そのお心も知らぬ／人類の勝手気ままの振舞いを／どうぞお許し下さい。／噴火、爆発、山くずれを起こさせ／我々に目覚めを促されるお心を／どうぞおしずめ下さい。／世界人類が平和でありますように／山を司る神々様有難うございます。

食物(たべもの)への感謝

人類を代表して／食物を司る神々様に／感謝申し上げます。／
すべての食物さん、有難うございます。／
我々は／あなた方によって生かされています。／
にもかかわらず／人類がとってきた／食物に対するわがまま／
不平不満／感謝の足りなさを／どうぞお許し下さい。／
我々を生かし働かして下さる／エネルギー源の／すべての食物に／
心より感謝申し上げます。／
世界人類が平和でありますように／
すべての食物を司る神々様有難うございます。

肉体への感謝

人類を代表して／肉体に感謝申し上げます。／
私の肉体を生かしている／すべての機能／すべての血液／すべての骨／
すべての体液／すべての神経／すべての筋肉／すべての内臓／
すべての器官／肉体を構成している／一つ一つの細胞さん／
有難うございます。／
肉体は／神様のみ心を現わす大事な場。／
肉体なくして／この世に完全平和を実現することは出来ません。／
我々は／我々の肉体を／尊い神の器として／神の表現体として／
尊敬し、愛し、大切にいたします。／
世界人類が平和でありますように／
肉体さん有難うございます。／
肉体さんの天命が完うされますように

水への感謝

人類を代表して／水を司る神々様に／感謝申し上げます。／
水さん、有難うございます。／
我々は／あなた様なくして生きてゆかれません。／
なのに人間のエゴによって／あなた様を汚している／
愚かさをどうぞお許し下さい。／
我々はあなた様の存在／
あなた様のお働きに／深く深く感謝申し上げます。／
世界人類が平和でありますように／
お水さん有難うございます。／
水の天命が完うされますように

植物への感謝

人類を代表して／植物を司る神々様に／感謝申し上げます。／
草／花／樹／すべての植物さん／有難うございます。／
我々はあなた様によって／生かされ／慰められています。／
その限りない恩恵に／心より感謝申し上げます。／
そのお心もわきまえぬ／人類の身勝手な振舞いを／
どうぞお許し下さい。／
世界人類が平和でありますように／
植物を司る神々様有難うございます。

動物への感謝

人類を代表して／動物を司る神々様に／感謝申し上げます。／
昆虫類／魚介類／爬虫類／鳥類／哺乳類／
その他のすべての動物さん／有難うございます。／
我々はあなた様によって生かされ／栄えて来ました。／
その限りなき恩恵に／心より御礼申し上げます。／
そのお心を無視した／人類の心なき振舞いを／
どうぞお許し下さい。／
世界人類が平和でありますように／
動物を司る神々様有難うございます。

鉱物への感謝

人類を代表して／鉱物を司る神々様に／感謝申し上げます。／
岩／石／石炭／石油／その他すべての鉱物さん／
有難うございます。／
我々は／あなた様によって／日々生かされております。／
その限りなき恩恵に／心より御礼申し上げます。／
そのお心に気づかず／また気づきながらも／
人類のとる無責任なる行動を／どうぞお許し下さい。／
世界人類が平和でありますように／
鉱物を司る神々様有難うございます。

天象への感謝

人類を代表して／天象を司る神々様に／感謝申し上げます。／
空気／雨／風／雪／雲／星々／その他すべての天象／
有難うございます。／
我々は／あなた様によって／日々生かされております。／
その限りない恩恵に／心より御礼申し上げます。／
その広きお心を知らぬ／人類の傍若無人なる振舞いを／
どうぞお許し下さい。／
世界人類が平和でありますように／
天象を司る神々様有難うございます。

空気への感謝

人類を代表して／空気を司る神々様に／感謝申し上げます。／
空気さん有難うございます。／
我々は／あなた様によって／瞬々刻々生かされています。／
あなた様なくして／生きてゆかれません。／
にもかかわらず／人類のエゴによって／あなた様を汚している／
愚かさを／どうぞお許し下さい。／
我々は／あなた様の限りなき恩恵に／心より御礼申し上げます。／
世界人類が平和でありますように／
空気を司る神々様有難うございます。

太陽への感謝

人類を代表して／太陽を司る神々様に／感謝申し上げます。／
太陽さん有難うございます。／
我々は／あなた様のエネルギーによって／
瞬々刻々生かされています。／
あなた様なくして／すべての生物は／生きてゆかれません。／
その限りなき恩恵に／心より御礼申し上げます。／
世界人類が平和でありますように／
太陽を司る神々様有難うございます。

光明思想の言葉

光明思想の言葉には、次のような言葉があります。

無限なる愛
無限なる調和
無限なる平和
無限なる光
無限なる力
無限なる英知
無限なるいのち
無限なる幸福
無限なる繁栄
無限なる富
無限なる供給
無限なる成功
無限なる能力
無限なる可能性
無限なる健康
無限なる快活

無限なるいやし
無限なる新鮮
無限なるさわやか
無限なる活力
無限なる希望
無限なる自由
無限なる創造
無限なるひろがり
無限なる大きさ
無限なる発展
無限なるエネルギー
無限なる感謝
無限なる喜び
無限なる美
無限なる若さ
無限なる善

無限なるまこと
無限なる清らか
無限なる正しさ
無限なる勝利
無限なる勇気
無限なる進歩
無限なる向上
無限なる強さ
無限なる直観
無限なる無邪気
無限なるゆるし
無限なる栄光
無限なる気高さ
無限なる威厳
無限なる恵み
無限なる輝き
無限なる包容力

我即神也（宣言文）

私が語る言葉は、神そのものの言葉であり、私が発する想念は、神そのものの想念であり、私が表わす行為は、神そのものの行為である。

即ち、神の言葉、神の想念、神の行為とは、あふれ出る、無限なる愛、無限なる叡智、無限なる歓喜、無限なる幸せ、無限なる感謝、無限なる生命、無限なる健康、無限なる光、無限なるエネルギー、無限なるパワー、無限なる成功、無限なる供給……そのものである。それのみである。

故に、我即神也、私は神そのものを語り、念じ、行為するのである。

人が自分を見て、「吾は神を見たる」と、思わず思わせるだけの自分を磨き高め上げ、神そのものとなるのである。

私を見たものは、即ち神を見たのである。私は光り輝き、人類に、いと高き神の無限なる愛を放ちつづけるのである。

人類即神也（じんるいそくかみなり）（宣言文）

私が語ること、想うこと、表わすことは、すべて人類のことのみ。人類の幸せのみ。人類の平和のみ。人類が真理に目覚めることのみ。

故に、私個に関する一切の言葉、想念、行為に私心なし、自我なし、対立なし。すべては宇宙そのもの、光そのもの、真理そのもの、神の存在そのものなり。

地球上に生ずるいかなる天変地変、環境汚染、飢餓、病気……これらすべて「人類即神也」を顕すためのプロセスなり。

世界中で繰り広げられる戦争、民族紛争、宗教対立……これらも又すべて「人類即神也」を顕すためのプロセスなり。

故に、いかなる地球上の出来事、状況、ニュース、情報に対しても、又、人類の様々なる生き方、想念、行為に対しても、且つ又、小智才覚により神域を汚（けが）してしまっている発明発見に対してさえも、これらすべて「人類即神也」を顕すためのプロセスとして、いかなる批判、非難、評価も下さず、それらに対して何ら一切関知せず。

私は只ひたすら人類に対して、神の無限なる愛と赦(ゆる)しと慈しみを与えつづけ、人類すべてが真理に目覚めるその時に至るまで、人類一人一人に代わって「人類即神也」の印を組みつづけるのである。

西園寺昌美（さいおんじまさみ）

白光真宏会会長・ワールド ピース プレヤー ソサエティ代表・五井平和財団会長。

祈りによる世界平和運動を提唱した故・五井昌久先生の後継者として国内国外に世界平和の祈りを普及するとともに、各人の神性を開発し、人類に真理の目覚めを促す活動を展開中。

講演や多くの著書を通じて、人々に生きる勇気と感銘を与えている。

著書に『明日はもっと素晴しい』『我即神也』『かくて地球は蘇る』『真理—苦悩の終焉』『教育の原点—運命をひらく鍵』『次元上昇』『自己完成』『愛は力』『神人誕生』『人生の目的地』『真理の法則—新しい人生の始まり』（以上、白光出版）『あなたは世界を変えられる（共著）』『もっともっと、幸せに』『無限なる幸せ』（以上、河出書房新社）『心配不要、これからよくなる！（共著）』（ビジネス社）

『You are the Universe』

『The Golden Key to Happiness』

『Infinite Happiness』

『Think Something Wonderful』

『Die Kraft Des Friedvollen Herzens』等がある。

白光真宏会出版本部ホームページ http://www.byakkopress.ne.jp
白光真宏会ホームページ http://www.byakko.or.jp

人生はよくなる—もう一つの生き方

平成十八年十月二十五日　初版

著　者　西園寺昌美
発行者　秋山和寛
発行所　白光真宏会出版本部
〒418-0102 静岡県富士宮市人穴八一二—一
電　話　〇五四四（二九）五一〇九
ＦＡＸ　〇五四四（二九）五一二二
振替　〇〇一二〇・六・一五一三四八
東京出張所
〒101-0064 東京都千代田区猿楽町二—一—一六 下平ビル四〇一
電　話　〇三（五二八三）五七九八
ＦＡＸ　〇三（五二八三）五七九九

印刷所　株式会社明徳印刷出版社

ISBN4-89214-172-0 C0014

白光真宏会出版本部

西園寺昌美

明日はもっと素晴しい

首尾一貫して光明思想を人々に鼓吹し、過去からの習慣を打破し、神の子人間の内なる無限の可能性を誰でも開発できることを、著者自身の血のにじむような経験から記した書。一読、勇気がふるいおこされ、いのち輝かな明日を約束する。

定価1575円／〒290

日々の指針

人はなにかと迷いやすく、決断がくだせないものである。そんな時、この本はあなたにハッキリとした指針を授け、迷いをはらい、生きる勇気を与えてくれる。ここに人生を積極的に生きられる鍵がある。

定価1365円／〒290

光明思想に徹しよう

人間は本来、神の子であり、光り輝く存在である。光明思想に徹すると、神の子の素晴らしい力が湧いてきて、自分でも思いもよらぬ可能性が開けてくる。

定価1223円／〒290

我即神也（われそくかみなり）

あなた自身が神であったとは、信じられないでしょう。あなたは本来神そのもの、内に無限なる愛と叡智とパワーを秘めた存在だったのです。これからの時代は、誰も彼もがその真実の姿に立ち返らなければならないのです。

定価1260円／〒290

白光真宏会出版本部

西園寺昌美

真理―苦悩の終焉（しゅうえん）

いかなる苦しみといえど、真理を知ることによって、解消できる。真理に目覚めると、あなたの心の中に今までとは全く違った世界がひらけてくる。それは喜びにあふれ、いのちが躍動する、神の世界だ。

定価１６８０円／〒290

教育の原点

自殺、いじめ、登校拒否など、現代の子供が抱える問題に〝人間は神の子、永遠の生命〟の視点から光を当てた画期的な教育論。ここに現状を打破し、輝かしい人生を築くための叡智がある。

定価１５７５円／〒290

次元上昇
―地球の進化と人類の選択

地球は今、四次元（霊なる世界）へと次元が上昇している。これからの人類は自らの内に神を見出し神の姿を現わしてゆかなければならない。本書には、あなたを幸せにし、人類の平和に貢献できる道が示されている。

定価１４７０円／〒290

自己完成

あなたは自分が好きですか？　人間の不幸はすべて、自分が自分を好きになれないところから始まっている。自分が自分を赦し、愛せた時にはじめて、自分本来の輝かしい姿を見出せるのである。著者は誰もが容易に自己完成に至る道を説く。

定価１５７５円／〒290

＊定価は消費税５％込みです。